JOSÉ SAN ROMÁN, CMF

MESTRES DE NOVIÇOS

O "ser do mestre": sua configuração pessoal e seus relacionamentos no campo da comunidade formativa

1

EDITORA SANTUÁRIO
Aparecida-SP

Título original: *Maestros de Novicios*
© Publicationes Claretianas, Madrid, 2000
ISBN 84-7966-217-4

Tradução de Pe. Ivo Montanhese, C.Ss.R.

Com a concordância dos editores do original espanhol, esta obra está sendo publicada em três fascículos. Este primeiro corresponde à 2ª parte da edição original.

ISBN 85-7200-764-4

Todos os direitos em língua portuguesa
reservados à **EDITORA SANTUÁRIO** – 2001

 Composição, impressão e acabamento:
EDITORA SANTUÁRIO - Rua Padre Claro Monteiro, 342
Fone: (0xx12) 565-2140 — 12570-000 — Aparecida-SP.

Ano: 2006   2005   2004   2003   2002
Edição: **10**   9   8   7   6   5   4   3   2

APRESENTAÇÃO

Breves linhas sobre os destinatários, a distribuição dos capítulos e a finalidade destas páginas.

1. Os destinatários

O título *Mestres de Noviços* indica quem são os primeiros destinatários deste livro: aquelas pessoas as quais foi confiada a formação e o acompanhamento dos candidatos à vida religiosa durante a etapa do noviciado, ou a quem se vai confiar logo essa tarefa. Por extensão, destina-se também aos que colaboram nessa missão formativa.

Parece óbvio, mas é bom dizer que onde se fala de *mestres* ou *mestre* quero referir-se também às *mestras* ou *mestra*. E quando emprego as palavras *noviços* ou *noviço* quero aludir também a *noviças* ou *noviça*.

Reconheço meu atrevimento ao apontar como destinatários universais destas páginas mestres e mestras ligados a famílias religiosas tão díspares entre si: institutos de vida apostólica, ou dedicados totalmente à contemplação; ordens antigas, com uma ampla trajetória formativa, e congregações modernas; mestres e mestras à frente de noviciados pujantes, ou de noviciados reduzidos à mínima expressão numérica; em comunidades situadas na zona rural ou em casas inseridas em periferias populares; ou, talvez, em um apartamento em meio a uma grande cidade; pertencentes, talvez, ao chamado *Terceiro Mundo*, rico em vocações e com uma sensibilidade peculiar, ou ao *Primeiro Mundo*, antigamente florescente e agora atravessando a provação da escassez e do envelhecimento institucional; mestres e mestras com idiossincrasias e culturas diferentes etc. Sei que escrever para todos e fazê-lo acertadamente é difícil e arriscado. Assumo essa limitação.

2. A distribuição dos capítulos

O material está distribuído em 3 partes ou blocos diferenciados: o primeiro bloco trata-se do noviciado, enquanto âmbito institucional no qual se desenvolve o trabalho do mestre: recorda-se como foi historicamente e se delineia sua configuração atual, segundo a legislação eclesiástica vigente (1ª parte: assim, dando a conhecer o passado histórico e seu presente, oferece-se um complemento informativo ao *saber do mestre*, acrescentado aos conhecimentos que já possui enquanto profissional da educação nesse campo específico.

No segundo bloco (2ª parte) estudaremos a figura do mestre — *o ser do mestre* —: sua integração na comunidade formativa, suas características e atitudes, seu jeito pessoal e a relação educativa.

O terceiro bloco (3ª parte) será dedicado aos aspectos programáticos e metodológicos — *o fazer ou o saber fazer do mestre* —: a planificação de objetivos e conteúdos, ou linhas do *iter* formativo, e a resposta às questões de método (que fazer, onde, como, quando...): a localização da casa, a organização da etapa, a animação comunitária, as relações, as dinâmicas espirituais e formativas ordinárias, e a proposta de algumas experiências intensivas ou de especial alcance pedagógico.

3. Finalidade

Este livro foi escrito com uma intenção pedagógica. Levam-se em conta os dados históricos, as prescrições canônicas e os princípios da teologia da vida religiosa. Mas, principalmente, se procura fazer uma reflexão pedagógica sobre o noviciado. É uma reflexão que além do mais, parte da própria práxis formativa.

Seja-me permitido acrescentar ainda algumas linhas antes de concluir a apresentação: escrevi estas páginas sem nenhuma pretensão de falar como mestre. Estas anotações foram surgindo pouco a pouco e encaminhadas à tipografia como uma necessidade interior de verbalizar minhas reflexões. Gostaria, é claro, que algo tão pessoal pudesse servir de ajuda, ainda que modesta, aos mestres, de cuja missão educativa participei muito tempo, só Deus sabe com que resultados.

Que esta seja uma expressão de minha sincera gratidão e reconhecimento do dom inestimável que se revelou a mim na pessoa de tantos jovens.

Nota do editor: Nesta edição brasileira, preferimos colocar num primeiro fascículo a segunda parte da obra original. Num segundo fascículo teremos a primeira parte, e num outro a terceira.

I
MESTRE E COMUNIDADE FORMATIVA

A figura do mestre — ou da mestra — aparece situada no *seu campo institucional* próprio, que é o noviciado (por isso, estudamos seu passado e seu presente), e move-se num *âmbito educacional*, que é a comunidade comprometida com a formação dos noviços, da qual ela é parte integrante, como vamos mostrar, e também os diversos agentes formativos. Os noviços pertencem também, com pleno direito, a essa comunidade de formação.

Quero centralizar agora, pois, deliberadamente, a atenção na figura do mestre enquanto membro de uma equipe e de uma comunidade a serviço da formação. O mestre não é uma peça isolada, embora seja uma peça chave no noviciado, mas situa-se como expoente da comunidade formativa. Embora o mestre desempenhe um papel insubstituível, não é, nem por isso, uma coluna monolítica surgindo em um horizonte deserto. O mestre não está sozinho. Está acompanhado de outras figuras que têm também importância dentro deste panorama educativo. O mestre é, num sentido de pertença e de identidade, um a mais; pertence à comunidade formativa e se define pelo relacionamento com ela.

1. O conceito de comunidade formativa

O noviciado é uma comunidade formativa ou uma *comunidade de formação*. P. Gianola definiu aquilo que se supõe ser c*omunidade* e o que supõe ser *formação*:

> *"Comunidade* — disse — *é somente* a forma de convivência e de relacionamento que privilegia a paridade e a liberdade de todas as pessoas, que exalta o protagonismo de todas e de cada uma delas, onde ninguém prevarica e monopoliza o pensamento, o juízo e a decisão e onde prevalece o círculo ativo dos relacionamentos.
>
> *Formação* — continua dizendo — é *somente* o processo que amadurece os sujeitos de modo sistemático, livre e consciente; que atua a fundo e organicamente interiorizando valores e modelos, desenvolvendo atitudes e obtendo condutas de acordo com projetos fundamentais para o homem ou específicos de determinadas situações.
>
> *Comunidade de formação* — conclui — são *somente aqueles organismos educativos que conjugam ativa e fielmente* estas duas linhas de exigência"[1].

O noviciado pretende ser uma verdadeira *comunidade de formação*, isto é, um organismo educativo vivo no qual essas exigências comunitárias e formativas se conjugam, com o fim da consecução dos objetivos do projeto fundamental e específico desta instituição. Por isso é que, apesar deste intento parecer situar-se a um nível de pura utopia, deve-se tentar, para a formação de uma comunidade que seja um corpo unitário global, que integre formadores e formandos num estreito diálogo de protagonismo formativo em torno dos mesmos

---

[1] GIANOLA, P. "La comunidad formativa", em AA. VV., *Formación para la vida religiosa. Del noviciado a la profesión perpetua.* Madrid, Ed. Paulinas, 1984, p. 155-156.

valores comunitários, dentro dos quais se articule e se diferencie a contribuição de todos e de cada um[2].

Precisamente por isso, a aplicação do conceito de *comunidade formativa* para o noviciado, nos termos estipulados, supõe renunciar a concebê-lo como se o único responsável pela formação fosse o mestre; ou também apresentar, inclusive, partindo somente do binômio mestre-noviços. Efetivamente, no noviciado participam outros protagonistas. E não deve eximir desta responsabilidade educativa tampouco a comunidade provincial e a comunidade congregacional. Mas é que, como se ainda fosse pouco, existe também esse panorama de *comunhão* que é a Igreja e a sociedade, de onde buscar insistentemente diretrizes e orientações, influências.

Essa concepção de responsabilidade formativa, em perspectiva ampla e articulada, nos livrará de lamentáveis erros na hora de atribuir funções e encargos ao mestre de noviços. Ao contrário, se ficarmos unicamente diante de sua pessoa, por mais relevante que seja o papel que lhe toca desempenhar, estaremos diante de uma árvore que nos impede de ver o bosque.

Hoje em dia, mais do que em outros tempos, existe uma maior consciência do compromisso da co-responsabilidade formativa que tem, em cada instituto, não somente os encarregados diretos da formação dos jovens, mas também outras pessoas: superiores e demais membros da comunidade local, provincial ou geral. E não se trata somente de uma co-responsabilidade assumida enquanto contribuição nitidamente econômica para os centros de formação, mas que se entende cada vez mais como uma necessidade de envolver-se na responsabilidade formativa dos candidatos ao instituto religioso.

---

[2] *Ibid.*, p. 163.

Caminha-se, pois, para uma compreensão da colaboração formativa de maneira muito mais comprometida, ou já estamos nela, e, conseqüentemente, é procedente passar de uma apresentação excessivamente estreita no modo de entender a formação para outra, na qual haja de verdade a participação de outras pessoas, em diversos níveis. Daí falarmos de uma *comunidade de formação*, enquanto conceito envolvente, que prevê esta possibilidade e reivindica a intervenção de *diversos agentes* educadores.

A comunidade formativa do noviciado, em concreto, pode estar composta pelos seguintes agentes:

a) A comunidade local em seu conjunto. — Já foi dito que o conceito de comunidade formativa é um conceito envolvente, quero dizer, amplo e abrangente. Não quereria, por conseguinte, restringir este conceito à simples comunidade local onde está situada a casa de noviciado. Mas a comunidade local é também, sem dúvida, comunidade formativa[3]. Podemos pensar, com efeito, em todos os membros que compõem a comunidade local. Embora não constituam parte da equipe formativa, no sentido estrito da palavra, nem desempenhem uma tarefa educadora tão direta em relação aos noviços, eles são membros professos que estão encarnando, de maneira mais ou menos conseguida, o genuíno espírito da

---

[3] Disse um monge a esse respeito: "A comunidade forma o noviço. Apesar de que, como diz a Regra, os noviços ocuparão um lugar próprio destinado a eles, e terão um "senhor", um mestre que os acompanhe; podemos dizer que a pequena comunidade dos noviços vive dentro da grande comunidade monástica. A rigidez da separação está muito atenuada em nossos tempos, sobretudo nas fundações feitas com muito poucos monges; além disso, esta atenuação deve-se também ao nosso mundo de "comunicação". Queiramos ou não, é fruto de um crescente despertar da consciência de participação e solidariedade a qual o noviço está acostumado já desde sua infância". VILAÇA CASTRO, M. "Comunidad formativa", em *Cuadernos Monásticos* 64 (1983), p. 72.

congregação. Por isso, o documento sobre *A colaboração entre institutos para a formação* recorda o seguinte:

> "A comunidade formativa é a instância primária de referência, que nenhum centro pode suprir. Ela constitui o espaço no qual cresce e amadurece no espírito dos respectivos fundadores, a identificação vocacional e a resposta para a vocação recebida. O aprofundamento da identificação carismática realiza-se, em primeiro lugar, no contato vivo com os formadores e com os irmãos ou com as irmãs com os quais compartilham as mesmas experiências de vida, os mesmos desafios lançados pela sociedade e pelas tradições do instituto. Por isso mesmo, esta comunidade é sempre o lugar da síntese vital da experiência formativa"[4].

O influxo formativo da comunidade local, por conseguinte, não é para ser desprezado. É verdade que isto não se sucede de modo automático, mas que está em dependência da qualidade das pessoas que compõem a comunidade. Por isso a *PI* insiste na importância e transcendência da qualidade da comunidade concreta — a *comunidade de vida* — para a formação:

> "A comunidade de vida exerce um papel privilegiado na formação em qualquer etapa. E a formação depende em grande parte da qualidade desta comunidade. Esta qualidade é o resultado de seu clima geral e do estilo de vida de seus membros, em conformidade com o caráter próprio e o espírito do instituto"[5].

---

[4] CONGREGAÇÃO PARA OS INSTITUTOS DE VIDA CONSAGRADA E SOCIEDADES DE VIDA APOSTÓLICA. *La colaboración entre institutos para la formación*. Roma, 1998, 10, b.
[5] *PI*, 26. Comentando este princípio da exortação, relativo à qualidade, diz GARACHANA, A.: "A qualidade é a adequação da realidade com sua definição ideal. Uma obra de qualidade é aquela que reúne o conjunto de qualidades com a qual a descrevemos. Portanto, a qualidade comunitária será dada por sua aproximação vital ao que teológica e pedagogicamente define a comunidade religiosa...". "A comunidad (comentário a *PI*, 26-28", em SANZ, A. (dir.), *Camino de formación...* Madrid, PCI, 1991, p. 113.

11

Todos os membros da comunidade devem assumir essa responsabilidade. E, para que não se trate de uma responsabilidade meramente formal, etérea, impalpável, deve-se contar com eles não somente para requerer seus serviços — humildes, às vezes, muito dignos de reconhecimento —, mas também para escutá-los, tomando nota de suas observações e implicando-os, na medida do possível, na marcha do noviciado.

b) Os *noviços*, primeiros responsáveis por sua própria formação. — Atualmente percebe-se com vivacidade a urgência de reconhecer o protagonismo que compete aos próprios formandos na tarefa de sua educação. Eles são os protagonistas de sua formação e ninguém pode suplantá-los, mas sim colaborar com eles na consecução das metas educativas. O *Código de Direito Canônico*[6] afirma isso quando insiste com os noviços dizendo que estejam eles conscientes de suas próprias responsabilidades e colaborem ativamente com seu mestre para responder fielmente à graça da vocação recebida de Deus. Os noviços, pois, são urgidos a colaborar com o mestre. Este é urgido, — pode-se assim dizer, igualmente — a colaborar com os noviços. Tratando-se da colaboração, todos estão situados no mesmo plano de igualdade, na insistência da urgência educativa. Se, porém, se pode reconhecer alguma prioridade, esta deve ser atribuída aos noviços; eles são os primeiros responsáveis por sua formação.

As orientações do magistério reconhecem essa co-responsabilidade formativa, — e ainda mais, fala-se de "responsabilidade primeira" — que todo religioso tem, em qualquer etapa da formação na qual se encontre:

---

[6] Cf. *CDC*, c. 652, 3; cf. também *PI*, 53.

12

"É o próprio religioso quem tem a responsabilidade primeira de dizer sim ao chamado que recebeu e de assumir todas as conseqüências desta resposta, que não é antes de tudo de ordem intelectual mas antes de ordem vital. [...] A formação do religioso deverá ser personalizada. Tratar-se-á, pois, de apelar vigorosamente para sua consciência e para sua responsabilidade pessoal para que interiorize os valores da vida religiosa e ao mesmo tempo a regra de vida proposta por seus mestres e mestras de formação"[7].

O apelo ao protagonismo de cada formando em sua própria formação não favorece nenhuma tomada de posição individualista nem é um cheque em branco para a atuação caprichosa de cada um. Não pode ser interpretado em escala individualista o chamado a assumir a própria responsabilidade formativa. Do que se trata simplesmente, é de acentuar o princípio da primazia da responsabilidade pessoal no processo da formação[8].

c) O mestre de noviços. — Não é preciso insistir agora na importância do mestre, quando vem sendo — e continuará sendo nas p. seguintes — o centro de toda nossa atenção. Por conseguinte, quase limito-me a deixar anotado aqui sua presença qualificada entre os demais agentes educativos. Seja suficiente recordar que é ele, e somente ele, a quem se confia a *direção única* do noviciado, ou o governo dos noviços, com exclusividade[9].

---

[7] *PI*, 29. A instrução neste número fala do "religioso" em geral. Mas do contexto deduz-se que este princípio pode aplicar-se também aos noviços (apesar de que com o noviciado não se inicia propriamente a vida religiosa, mas sim que com ele dá começo a vida no instituto; cf. c. 646).

[8] Cf. ARROBA, M. J. "Los agentes y ámbitos de la formación", em Id. (dir.), *La formación de los religiosos. Comentario a la Instrucción "Potissimum Institutiioni"*. Roma, Ediurcula, 1991, p. 234.

[9] Cf. *CDC*, c. 650, 2; cf. *PI*, 52.

13

d) Os colaboradores. — Sob este nome podem ser incluídos, no sentido amplo, todas aquelas pessoas que cooperam de alguma maneira na tarefa educativa. Os colaboradores são os seguintes:
— *O ajudante* (coadjutor, sócio, assistente, auxiliar, cooperador etc.). — Este agente formativo está previsto pelo *Direito*[10]; inclusive poderia ser vários, conforme a necessidade. Tem uma missão importante a realizar, servindo a causa da formação, subordinadamente à direção do mestre e ao programa ou plano de formação. Isso supõe, provavelmente, a liberação de outros cargos e o sacrifício e renúncia a outras tarefas mais atrativas e à primeira vista mais eficazes do ponto de vista apostólico.

— *A equipe formativa.* — Pertencem à *equipe*, no sentido mais estrito, o mestre e o ajudante ou os ajudantes — se os houver —, aos quais se poderão associar outras pessoas que residem na casa de noviciado e cuja presença tenha relação com a formação dos noviços, ou alguma outra pessoa que convenha integrar-se nesta equipe por razão de sua representatividade (por exemplo, o superior local). Não se deveria descartar outros meios e, sobretudo, pessoal qualificado para constituir a equipe. Um dos aspectos mais negativos dos noviciados do pós-concílio tem sido, precisamente, a avareza com que se tem diminuído o número de formadores ou colaboradores para criar uma equipe, sob o pretexto de que o número de noviços é reduzido; quando essa circunstância, em ocasião complicada e difícil, por serem poucos os sujeitos e díspares *justamente* aconselharia a presença de uma equipe[11].

---

[10] Cf. *CDC*, c. 651, 2, 3.

[11] É uma queixa que retiro de C. Domeño, que teve um acompanhamento de perto desta realidade formativa ao longo da etapa pós-conciliar: "Continuidad en la formación", em *Vida Religiosa* 48 (1980), p. 229.

— *O superior local.* — Não deve parecer estranho que se faça coincidir o cargo do superior local e o de mestre em uma mesma pessoa. Há ocasiões nas quais se aconselha a fazer assim. Mas pode haver, do mesmo modo, razão demais para proceder de outra maneira: que o mestre seja somente mestre, e que o cargo de superior recaia sobre outra pessoa. Neste último caso, parece óbvio recomendar que exista o maior entendimento possível entre o mestre e o superior, pertença este ou não à equipe de formação, no sentido estrito. O superior local mostre sempre solícita atenção ao grupo de noviços e apoio com sua autoridade a quanto empreenda a equipe de formação e os demais colaboradores. Mas, consciente de que o governo dos noviços pertence exclusivamente ao mestre, evite com discrição toda ingerência na organização e marcha ordinária da vida do noviciado, embora esta sua atitude possa dar, às vezes, a aparente impressão de redundar em menoscabo de sua autoridade.

— *Os professores.* — Sejam ou não do mesmo instituto, morem na própria casa ou venham de fora, os professores contribuem com uma ajuda muito valiosa para a formação integral dos noviços, principalmente na linha de facilitar a assimilação e interiorização dos conteúdos próprios desta etapa. Os professores dividem os conteúdos doutrinais referentes à vida religiosa, à vida espiritual, ao crisma e espírito do instituto etc. Não se pode esquecer, de qualquer modo, que a influência dos professores sobre os jovens noviços não se exerce unicamente da cátedra de ensino, já que são também educadores: seu caráter pessoal, suas conversações informais, seus critérios manifestados em ocasiões, ou simplesmente intuídos pelos alunos..., tudo isso influi na formação.

— *O confessor.* — Pode ou não habitar na mesma casa de noviciado (no caso das religiosas, é evidente que o confessor não faz parte da comunidade; surge periodicamente para esse serviço ministerial). Falamos do confessor *ordinário* porque, na qualidade de *extraordinário*, poderá ser qualquer outro não designado expressamente para exercer o ofício de confessor no noviciado. O confessor que contribui, não pouco, sem dúvida, para a formação espiritual dos noviços, deve ser uma pessoa que goze da auréola e sabedoria que proporciona a experiência da vida (sem a necessidade de ser ancião, embora haja anciãos que possuem essa qualidade); que saiba manter-se em atitude de disponibilidade contínua; que esteja em seu posto; que sem ser alheio, não se imiscua nos afazeres ordinários do noviciado; que seja uma pessoa bondosa[12], com capacidade de acolhida, de compreensão, de empatia...; que tenha sensibilidade espiritual, sintonia com os jovens e aquela discrição elementar para aconselhar, sem arrebatar as rédeas da direção espiritual que é própria do mestre. Ele é confessor, não acompanhante, nem diretor nem mestre.

— *O capelão.* — Onde houver um capelão, um sacerdote diferente do mestre — que preside as celebrações litúrgicas, sobretudo a Eucaristia, este pode considerar-se como verdadeiro colaborador na formação dos noviços ou das noviças. Suas oportunas exortações, na breve homilia de cada dia, poderão ir deixando aquele poço espiritual que irá nutrindo o coração dos jovens e despertar neles a fome e a sede necessárias para degustar a palavra de Deus em outros momentos do dia.

---

[12] "Deve apresentar na comunidade a bondade e a misericórdia de Deus Pai, amando aos pecadores, mostrando a todos uma esperança de salvação e de vida. Assim é verdadeiro ministro da penitência, ato e virtude". GIANOLA, P. "La comunidad formativa", em AA. VV., *Formación para la vida religiosa. Del noviciado a la profesión perpetua*. Madrid, Ed. Paulinas, 1984, p. 178.

— *Outros colaboradores eventuais.* — Pense-se, por exemplo, nos diretores dos exercícios espirituais; nos coordenadores dos diversos cursos, encontros, convivências etc., nos quais tomam parte os noviços; no especialista (psicólogo...) a quem se recorre, em alguns casos ou em geral; nos superiores maiores que visitam periodicamente o noviciado; e não subestime, tampouco, o contato que os noviços mantêm com o pessoal de serviço da própria casa, se houver, e com outras pessoas ou grupos eclesiais (catequistas e colaboradores na pastoral da Igreja local, párocos e outros sacerdotes, vizinhos do bairro, gente do povo etc.). Até que ponto podem ser consideradas todas estas pessoas integrantes de pleno direito da comunidade formativa do noviciado?[13] Não é o caso de elaborar, certamente, uma lista minuciosa e exaustiva das pessoas que podem ser catalogadas como *agentes* da comunidade de formação. Basta indicar que são muitas e que, por isso, o mestre não exerce o monopólio formativo, embora ele maneje o leme. Nem é responsabilidade exclusiva de uma equipe. Há muitos outros agentes constituindo essa realidade envolvente que chamamos *comunidade formativa*. É claro, contudo, que tanto o mestre como a equipe mais estreitamente ligada a ele são parte relevante dessa comunidade.

---

[13] É educador(a), formador(a) somente quem consciente e intencionalmente exerce alguma influência educativa sobre os educandos. Em sentido lato, contudo, aplica-se o conceito de educador também a todo agente que influi educativamente sobre as pessoas, inclusivamente sem tal consciência e intencionalidade expressa; exerce assim uma educação que se denomina "funcional" para contra-distinguir da "educação intencional". Cf. LÓPEZ, M. A. "El educador", em SAENZ BARRIO, O. (dir.). *Pedagogía general*. Madrid, Anaya, 1986, p. 185s.

2. A equipe formativa: sua estruturação e características

Uma *equipe* não é simplesmente um grupo indiscriminado de pessoas fazendo um mesmo trabalho, mas um conjunto de pessoas que trabalham interdependentemente uma das outras para alcançar alguns mesmos objetivos. E, neste empenho, uma precisa da outra, e cada uma contribui com suas experiências, suas capacidades, seus talentos[14].

Uma equipe formativa pretende alcançar a "formação integral" dos noviços, meta difícil de consecução se for confiada a uma única pessoa, o mestre, que sozinho será incapaz de enfrentar tal empresa com garantia, porque não poderá reunir em si todas as qualidades exigidas.

A complexidade da tarefa educativa exige, pois, a intervenção coligada de outras pessoas: ajudantes ou colaboradores vinculados ao mestre, constituindo uma equipe bem harmoniosa que planifica, que respeita as respectivas funções, responsabilidades e competências, que distribui as tarefas e avalia os resultados. Tudo isso com a coordenação do mestre e sob a autoridade dos superiores.

É preciso que a equipe, mesmo no caso de ser uma *mini-equipe*, composta pelo mestre e seu ajudante possua uma estruturação bem definida, de sorte que fique assegurado um ótimo funcionamento ordinário, evitando a colisão de funções, a confusão de competências e o risco de outras interferências formativas.

A equipe formativa, que deve nascer e se manter com vocação de complementaridade, oferece vantagens muito positivas, embora tenha também algumas limitações e perigos que é necessário prever e erradicar oportunamente.

---

[14] Cf. SULLIVAN, J. "Un processo integratore dello sviluppo personale", em *Vita Consagrata*.1 (1989), p. 31.

São vantagens da equipe toda, por exemplo[15]:

— favorecer o diálogo, a abertura, a comunicação entre seus componentes;
— ajudar a corrigir ou acertar os pontos de vista pessoais;
— firmar o relacionamento de seus membros;
— manter a referência para as linhas traçadas no plano da formação;
— criar progressivamente um clima de cooperação e espírito subsidiário de todos;
— oferecer um conhecimento mais completo dos jovens, pela troca de pareceres;
— possibilitar a realização de uma tarefa que é em si mesma complexa, difícil de conseguir quando só se trabalha individualmente.

Seríamos cegos se não quiséssemos reconhecer também as *limitações* que o trabalho em equipe, aplicado à formação, traz consigo e que surgem, algumas, pela própria estrutura da equipe (aspecto técnico) e, outras, pela qualidade das pessoas concretas que a integram (aspecto humano ou de qualidade humana de seus componentes). Mas o fato de que tais limitações representam uma amcaça real para a constituição e o funcionamento da equipe não deve ser um obstáculo que desaconselhe sua tentativa.

Para evitar esses riscos e a fim de conseguir as maiores vantagens possíveis, o conjunto formativo deverá se ater, certamente, a alguns *critérios* para o funcionamento, mais ou

---

[15] Reelaboro livremente neste tratado as idéias que expõe FERNANDO CAMPO GÓMEZ. "El equipo formativo en la formación actual", em *Vida Religiosa* 48 (1980), p. 198-200.

menos consensuais, e deverá possuir algumas *características* que o creditem como instrumento válido e dinâmico a serviço da formação.

Vamos ver quais poderiam ser esses critérios e essas características:

Critérios de atuação[16]:

A equipe formativa funcionará bem se seguir as seguintes pautas:

— escolha adequada da estrutura formativa e composição acertada da equipe com as pessoas mais idôneas: mestre, ajudante, superior, outros religiosos etc;
— ter sempre diante dos olhos, como ponto de referência imprescindível, o plano de formação do noviciado (elaborado a partir das necessidades reais dos noviços — e com eles — e tendo em consideração as diretrizes eclesiais e congregacionais);
— distribuição clara das diversas funções: repartição das tarefas, responsabilidades, competências etc. (algumas destas funções já vêm determinadas pela nomeação para exercer um cargo: ser mestre, ser ajudante etc.);
— manutenção de uma dinâmica de diálogo entre os componentes da equipe (encaminhamento do diálogo, encontros periódicos formais e no plano informal ou espontâneo);
— comprometer-se todos os membros da equipe em aceitar as *regras do jogo*: espírito de cooperação, não atuar à margem nem independentemente dos demais,

---

[16] Cf. CAMPO GÓMEZ, Fernando. *op. cit.*, p. 201-202.

intercomunicação freqüente, evitar tomar decisões sérias sem que se faça a consulta ou, ao menos, a comunicação aos outros componentes da equipe, o cultivo das qualidades recíprocas (estima, respeito, confiança, franqueza etc.).

Características da equipe[17]:

Dá crédito a uma equipe de formadores a apresentação de certos traços, que são suas carteiras de identidade. Uma equipe bem estruturada apresenta, sem dúvida, as seguintes características:

— é uma equipe aberta: todos os seus componentes estão e sentem-se integrados e tomam parte ativa conforme suas respectivas funções e capacidades;
— o respeito mútuo é a característica primeira que distingue todos os membros da equipe;
— todos se sentem *comprometidos*, desde as respectivas responsabilidades compartilhadas, na tomada de decisões e em assumir as conseqüências que desse compromisso se derivam;
— a *unidade* é um valor que todos compartilham: busca-se a concordância de critérios formativos e de atuação, embora dentro da liberdade de estilo pessoal que cada formativo tem.
— é uma equipe *participativa*: existe a vontade manifesta de cooperação na tarefa comum educativa, conforme as próprias capacidades, o grau de preparação e a função atribuída.

---

[17] Cf. CAMPO GÓMEZ, Fernando. *op. cit.*, p. 203-204.

— os membros da equipe acreditam firmemente na força do *diálogo*;
— a equipe funciona a partir da *perspectiva da fé*: possui consciência viva de que a tarefa educativa é uma missão que se assume com sentido vocacional e realiza-se a partir de uma dimensão claramente espiritual, e avalia a força educativa como uma forma plenamente válida de realização pastoral ou apostólica[18].
— e sabe-se estar na *linha de continuidade*: a equipe está consciente de que está trabalhando não a partir do zero (o noviciado vem precedido de outras etapas formativas) nem com o afã de fazer tudo (existem outras etapas na formação).

3. A relação com outras instâncias formativas

O mestre — e a equipe, na medida em que seja oportuno — conta também com outras instâncias de inter-relacionamentos, como são aqueles conselhos e foros nos quais os formadores das diversas etapas formativas intervêm, tendo assim oportunidade de compartilhar suas experiências e de unir critérios.

A etapa do noviciado não é senão *uma* etapa da formação e, conseqüentemente, faz-se necessária uma relação aventada entre os formadores do noviciado e a das outras etapas —

---

[18] É aplicável à equipe formativa do noviciado quanto afirma, a este respeito, e em relação com a equipe de formadores, o Secretariado da Comissão Episcopal de Seminários e Universidades da Conferência Episcopal Espanhola: "Valorizem esta função educativa específica como forma plenamente válida de realização de sua condiçao de pastores". (n° 253, § 5°): *Plan de formación sacerdotal para los seminarios mayores. La formación para el ministerio presbiteral*. Madrid, EDICE, 1996, p. 154.

a precedente e a subseqüente — que assegure melhor a continuidade de ação e facilite o intercâmbio de impressões acerca da tarefa educativa.

Os órgãos formativos com os quais pode contar um instituto, uma província ou uma comunidade podem ser diversos. Cabe citar aqui os seguintes: conselho de formação inicial (no qual intervêm os formadores de todas as etapas e, por acaso, também outros membros da comunidade local, provincial ou geral); conselho reduzido de formadores (participam somente aqueles que são formadores em sentido estrito); encontro geral de formadores (pertencentes a diversos níveis dentro de um mesmo instituto); em seguida vêm os encontros inter-religiosos, com a participação de formadores pertencentes a diversas congregações religiosas (como os encontros de formadores de uma só etapa, ou de diversas etapas etc.).

Dentre todos esses órgãos de inter-relacionamento, é preciso destacar o que se refere àquele constituído pelos *formadores das diversas etapas*. Os formadores — mestre de noviços, principalmente, e os demais responsáveis por toda a formação de outras etapas — devem reunir-se periodicamente para compartilhar experiências, comunicar-se, analisar processos, avaliar os resultados, aprender em comum etc., a fim de conseguir o melhor do processo formativo e animar-se mutuamente na comum missão que se lhes foi confiada.

Objetivos próprios dessas reuniões, entre outros possíveis, são os seguintes:

— "proposta de novos métodos formativos e programação coordenada de objetivos;
— análise da oportunidade e validez das atividades e métodos que empregam e correção, se for preciso, deles;

— informação mútua, geral e específica, sobre questões conexas com a tarefa formativa;
— descrição da situação dos grupos de formação de cada etapa, destacando as mudanças observadas no comportamento em relação a fase imediatamente anterior para submetê-los a exame;
— avaliação dessa situação com referência explícita aos casos pessoais ou grupais mais problemáticos e discussão das soluções aplicadas;
— auto-análise dos próprios formadores e das equipes para descobrir em comum os condicionantes da ação formativa que provém deles mesmos;
— previsão e perspectiva do futuro com a remodelação de projetos que implique;
— discernir as maneiras mais convenientes de atuação nos casos em que seja muito reduzido o número de alunos, ou quando trabalha um formativo sozinho"[19].

4. O relacionamento do mestre com seus superiores. A co-responsabilidade formativa dos órgãos de governo

O princípio da co-responsabilidade na formação dos membros de um instituto religioso aplica-se a todos, mas mais particularmente aos superiores, — local, provincial e geral —, assim como às pessoas que compõem seus respectivos governos ou conselhos. Eles têm uma obrigação especial com referência com o que terão de cumprir e que não poderão limitar-se a uma colaboração comum a todos os membros do institu-

---

[19] DOMEÑO, C. op. cit. p. 233.
[20] Cf. *CDC*, c. 652, 4.

to, em nada desprezível, por certo, que consiste em servir de exemplo com sua vida e em orar pelos noviços[20].

O cuidado especial que os superiores devem apressar-se ao assumir esta responsabilidade, em relação com os centros de formação de sua respectiva jurisdição ou parcela de serviço fraterno, deveria brilhar em todos os níveis de governo do instituto. Gratamente chama a atenção, por exemplo, a sensibilidade com que se dirigia a cada noviço todo um capítulo geral dos dominicanos, o celebrado em Ávila no ano de 1986, com palavras que transpirava compreensão, sentimento de acolhida e consideração para com os jovens candidatos. Não resisto a tentação de não transcrever alguns dos parágrafos dessa carta:

> "Querido irmão:
>
> Faz tempo que bateste à porta de um dos conventos sem saber exatamente o que te esperava nem o que era a Ordem dos Pregadores: Tu aceitaste simplesmente o convite que ouviste: 'Vem e vê'.
>
> Vieste com tuas esperanças e aspirações: tua busca de Deus, a busca de um lugar neste mundo, tua vontade de realizar-te e de encontrar um lugar para viver. Pouco a pouco observaste. Fizeste tuas descobertas. Que viste? Que te ensinaram e ofereceram? Uma comunidade de Pregadores do Evangelho que te convida a unir-te a ela.
>
> [...] Um irmão mais velho acompanha-te de perto para que dês teus primeiros passos neste novo mundo ainda desconhecido. Tem confiança nele e sê leal como ele o é contigo, uma vez que caminham juntos.
>
> [...] Que te pode oferecer a Ordem dos Pregadores se fores fiel à sua missão? [...] Uma comunidade de irmãos atentos à Palavra de Deus e às promessas do Reino, ao mesmo tempo que escuta atentamente a seus contemporâneos.
>
> [...] Que pode oferecer-te a Ordem? Uma comunidade de irmãos modelados pela compaixão herdada de São Domingos, compaixão vivida com Jesus e com seu Deus que deseja em sua compaixão a salvação de todos os homens.

[...] Que pode oferecer-te a Ordem? Uma missão difícil, mas apaixonante: o anúncio do Evangelho de maneira autêntica com tua palavra, teu trabalho, teu ser..."[21]

Parece-me que não será fácil encontrar expressões tão eloqüentes do sentido de co-responsabilidade formativa por parte de um órgão de governo religioso como as que se encontram nessa carta. E não deixe de reparar no fato de que saíram de um órgão do governo de alto gabarito, longe supostamente da humilde realidade cotidiana na qual se movem os formandos e os formadores...

Mas voltemos à realidade próxima do mestre de noviços — ou da mestra de noviças — e seu relacionamento com seus superiores maiores dentro deste contexto no qual estamos falando da comunidade formativa. Quero colocar agora a força no relacionamento que o mestre, enquanto formativo imediato dos noviços, escolhido e enviado pelos superiores para desempenhar tal cargo, deve manter com estes.

O mestre atua sempre sob a autoridade dos superiores maiores. Isto significa que depende deles não só quanto à sua nomeação e envio ao noviciado, mas também quanto às diretrizes fundamentais, que estarão já demarcadas nos planos geral e provincial de formação.

O mestre goza, em princípio, da confiança de seus superiores. Agora ele precisa manter-se em comunhão com eles através de contatos periódicos nos quais os informa sobre a caminhada do noviciado em geral e de cada noviço em particular. Estes contatos, mantidos por meio de um diálogo aberto e, às vezes, mediante informações, orais ou escritas, ajuda-

---

[21] CAPÍTULO GERAL DOMINICANO DE ÁVILA (1986). "Carta a um noviço e a todos aqueles que não abandonaram nunca sua formação", em *Vida Religiosa* (Boletim 6), 1986, p. 391-392.

rão os superiores a tomar decisões sérias em seu momento (por exemplo, a aprovar ou não a profissão religiosa etc.).

É um alívio para mestres e mestras saber que, embora se lhes seja confiado a formação imediata dos noviços ou das noviças, não lhes foi delegada toda a responsabilidade formativa e, sobretudo, não se carregou sobre seus ombros a faculdade de decisão nos assuntos de maior transcendência.

São os superiores que decidirão — e não eles — se um noviço ou uma noviça estão em condições de exercer a profissão religiosa ou se devem abandonar a casa de noviciado, entre outras questões. Os mestres e mestras, estes sim, terão de manter bem informados seus superiores acerca da idoneidade dos noviços ou noviças e acerca de tantos outros aspectos da formação que afetam as pessoas da casa, aos membros da equipe ou a eles mesmos.

Essa comunicação proporcionará, tanto aos mestres como aos superiores, um conhecimento mais amplo e rico da problemática formativa, contribuindo assim para preparar algumas decisões que sejam mais prudentes e acomodadas à realidade[22].

Nem é preciso dizer que o relacionamento dos mestres e das mestras com seus superiores maiores não será a única fonte de informação que estes tenham sobre a realidade do noviciado. Eles terão de se fazer presentes ali, de forma periódica e discreta mas não rara, por breve que seja, para manter uma comunicação com toda a comunidade formativa: com os noviços, com a equipe, com o superior local e com sua comunidade etc. Mas não se trata unicamente de trocar informação. Os superiores quando se fazem presentes e estão próxi-

---

[22] CF. GARACHANA, A. "El formativo al servicio de los formandos en nombre de la Congregación", em *Vida Religiosa* 48 (1980), p. 185-186.

mos da realidade formativa, estão oferecendo uma perspectiva mais ampla do instituto e representando a solicitude amorosa do mesmo para formandos e formadores. E isto traz consigo também um colorido altamente educativo e alentador para os jovens.

5. Conclusão

Fica suficientemente repisado, no meu modo de entender, que o mestre de noviços situa-se dentro de uma *comunidade de formação* na qual confluem diversas linhas de interpelação. Destaquei desse mundo inter-relacional, o contato do mestre com alguns departamentos educativos e o governo, tais como a equipe formativa — residente, em princípio, na mesma casa —, os diversos conselhos de formação e os superiores. O mestre, portanto, não está sozinho nem deve estar sozinho. Não deve ser a sua uma situação de isolamento, mas de integração em uma comunidade verdadeiramente formativa.

E, uma vez situado o mestre dentro dessa comunidade, parece procedente passar a detalhar, de maneira pormenorizada, seu perfil, seu estilo e seus relacionamentos com os noviços, membros importantes, obviamente, dessa comunidade. Farei nos seguintes capítulos, apontando os traços que configuram o *ser do mestre* neste contexto formativo.

II
A FIGURA DO MESTRE DE NOVIÇOS

1. Quem encontrará um bom mestre de noviços?

Assumir a responsabilidade da formação continua sendo tarefa difícil. No passado, entrar e fazer parte do "grêmio dos formadores" era algo que imprimia caráter, no sentido de que impunha sobre os escolhidos o escapulário "sambenito", símbolo da venerabilidade, com a exigência de uma exemplaridade que convertia em missão mais pesada ainda a tarefa imposta. A figura ideal do *mestre de noviços*, sobretudo, refletia traços de misticismo dificilmente encontrável na natureza humana, embora de algum modo fossem exigidos no sentir de muitos. Devia ser pouco menos que um exemplar de todas as virtudes.

Hoje em dia, os religiosos temos alcançado um grau de realismo que nos permite não idealizar mais do que convém os mestres e até sermos indulgentes com suas fraquezas. Cremos que são, como todos os demais membros da instituição religiosa, operários da vinha do Senhor. Assim a figura do mestre de noviciado saiu ganhando, enriquecendo-se com alguns traços mais humanos, como são os derivados de sua reconhecida pertença ao "comum de religiosos", da proximidade afetiva e da interação acessível, que encurtam distâncias e agilizam os relacionamentos com os jovens. Talvez tenha perdido capacidade estática, mas nesse ponto estamos muito felizes porque perdemos os supérfluos halos celestes.

E apesar disso, continua sendo difícil ser hoje em dia mestre de noviços. A dificuldade talvez seja encontrar quem esteja disposto a assumir esta tarefa. Ainda pesam bastante, na hora de aceitar essa missão, os resquícios do passado acerca dos requisitos, as qualidades, a grande responsabilidade e os nimbos de glória. Recordações que amedrontam a pessoa escolhida ou nomeada para desempenhar o serviço de mestre ou de mestra[1].

Quando me disponho a escrever sobre a *figura ideal* do mestre de noviços, ocorre-me que um primeiro traço dessa figura teria de ser algo muito humano. Efetivamente para começar, embora pareça um alarde de ousadia, eu incluiria entre os requisitos para ser mestre de noviços, o requisito de ter algumas imperfeições ou carências, sendo auto-indulgente e sabendo aceitá-las com simplicidade[2]. A partir deste suposto, que considero imprescindível, atreveria-me depois a indicar outros requisitos. E é o que vou fazer em seguida.

---

[1] "Quando me nomearam mestra de noviças [...] todos os fantasmas de minha vizinhança desabaram sobre mim para me felicitar. Um me dizia: "Não vai saber exercer bem". Outra: "É muito jovem para assumir semelhante responsabilidade". Outro: "Não está suficiente madura para esta tarefa". E ainda: "É muito inexperiente neste assunto". Resumo: Todos conseguiram dar-me um bom susto, como era de se esperar, porque isso é o que fazem sempre os fantasmas: dar sustos, GONZALO, A. "Quando me nomearam mestra de noviças. Experiência formativa", em *Vida Religiosa* (Boletim) 79 (1995), p. 169.

[2] Uma das coisas mais difíceis é saber perdoar os próprios defeitos e os próprios erros", disse HILLESUM, Etty: cf. PETER, R. *Conocer los proprios límites. Para una terapia de la imperfección*. Madrid, San Paolo. 1995, p. 153.

2. Esboço da figura ideal do mestre

Existe a figura ideal do mestre? Por contraposição, pergunto também: existe a figura ideal do noviço? Disso não podemos duvidar. Existem os estereótipos, pré-fabricados com exuberante imaginação, à base de fragmentos de fantasmas. Franco Stano descreve em uma novela o que seja um noviço, pondo na boca do mestre estas palavras:

> "Ah, os noviços! Dá a impressão de que pertencem a outro mundo. Vivem entre sonhos e realidades um ano que não esquecerão jamais. E riem, riem, riem. Basta uma macaquice para que caiam na risada. Ai está! O noviço é uma síntese entre sonho, sorriso e realidade"[3].

Semelhante estereótipo completa-se com a frase que, jocosamente, pretendia-se descrever o que é um noviço: *Novitius esta ille semper ridens e omnia rumpens* (aquele que sempre está rindo e que tudo quebra); ou aquela outra: "Noviço é aquele que parece santo, mas não o é..."

Não podemos contentar-nos com os estereótipos. Os jovens que entram para a vida religiosa vêm de uma sociedade complexa e em ebulição, da qual carregam consigo uma sensibilidade para enfrentar uma formação e alguns traços de tipo diferente[4]. Se é certo que cavalgamos na cultura ocidental moderna entre a modernidade e pós-modernidade, e que todos temos alguma coisa de modernos e algo de pós-moder-

---

[3] STANO, F. *Caro, nostro seminario. Ricordando gli anni di studio*. Roma, Città Nuova, 1990, p. 141.

[4] Como os jovens formandos de nossos dias vêem os formadores? Algumas pistas podem ser encontradas em Encuestas FORE '97: *Los formadores trazan el perfil de los jóvenes religiosos/as*, realizada pelo Departamento de Investigação Sociológica (DIS) e publicada na revista *Confer*, vol. 36, n. 140 (1997), p. 495-734.

nos com maior ou menor porção[5], com certeza os jovens noviços serão portadores de alguns desses traços. Será necessário estar a par das características de nossa cultura e conhecer sua incidência nos formandos[6]. Já não nos servem mais aqueles velhos estereótipos que se encaixavam nos noviços como se o tempo e o mundo — e também a vida religiosa — não tivessem evoluído.

Sobre a figura ideal do mestre podem circular semelhantes estereótipos. Mas temos de já nos precaver afirmando, quanto antes, que não existem os mestres ideais. Estes nós os fabricamos, na imaginação, quando dissertamos teoricamente sobre o tema. Os mestres que existem, na verdade, são os de carne e osso; e, é claro, também de coração e espírito.

Contudo, não é de tudo inútil nos perguntar pelos traços que conformam a figura ideal do bom ou do ótimo mestre. Mas distingamos desde já, entre aquela que pode ser uma *figura ideal* e aquela que poderia ser uma *figura fantasmagórica* do mestre de noviços.

Considero fantasmagórica uma figura de mestre que reúna hipoteticamente todos os requisitos desejáveis. E não só porque seria fruto da imaginação, mas porque provocaria, no caso de se dar, o pavor ou as gargalhadas que os fantasmas provocam. Semelhante monstro imaginário não é possível na realidade. Graças a Deus!

---

[5] A *modernidade* representa uma pretensão de objetivação, domínio da natureza, racionalização, aplicação da técnica, planificação, otimismo no progresso humano...; e a *pós-modernidade* exibe seu cepticismo diante das conquistas da razão e da técnica, refugia-se nos sentimentos, na espontaneidade e no vital. Cf. MORENO, J. L. "Características de la cultura de hoy y su reflejo en los jóvenes. Análisis y consecuencias para la educación del seminario", em *Seminarios* 44 (1998), p. 39-58.

[6] Cf. CALERO, A. M. "El formativo ante los retos de la nueva cultura", em *Confer* 111 (1990), p. 507-535.

É certo, contudo, que a aproximação da figura ideal do mestre de noviços pede a presença de determinadas qualidades muito heterogêneas, adequadamente dosadas e combinadas entre si. Na integração delas está a chave e a arte para ser um bom mestre. Com efeito, não basta que uma pessoa seja verdadeiramente espiritual nem é suficiente que possua alguns conhecimentos e habilidades, nem se requer somente que tenha capacidade e preparação pedagógica, nem muito menos o habilita para o cargo a simples nomeação canônica. Precisa-se de tudo isso, é verdade, mas em uma dosagem proporcional e em um grau de integração pessoal que o torne adequado e harmônico.

As qualidades, os dotes pessoais, o grau de preparação etc., não é preciso, com efeito, que sejam excepcionais. Quando os superiores maiores procuram para o cargo de mestre de noviços uma pessoa excepcional, destacada ou brilhante, corre o risco de encontrá-la. Mas também se arriscará a se equivocar lamentavelmente designando quem brilha de maneira eminente, talvez em um ou em outro aspecto (na ordem das virtudes ou das ciências, por exemplo), sem que possua outros elementos não menos necessários.

Feitos esses esclarecimentos críticos, passo a apresentar aquilo que considero como *requisitos essenciais do mestre idôneo*, que será tal se conseguir ser, ao menos, capaz de alcançar um nível aceitável em cada um deles:

— que seja uma pessoa madura;
— que seja verdadeiramente espiritual;
— que tenha autêntica vocação para a missão educativa;
— que esteja bem identificado com a espiritualidade de seu instituto;
— e que se tenha preparado convenientemente para desempenhar esta missão.

33

2.1. Pessoa que tenha alcançado maturidade humana

Não é minha intenção partir de um conceito científico de maturidade. O conceito de maturidade humana é verdadeiramente complexo e é sempre relativo[7]. Sua complexidade responde a sua constituição poliédrica. Não é única a dimensão que o define e o reveste, mas são múltiplos. Abrange variedades de dimensões, áreas, perspectivas etc., do ser humano. E é também relativo, no sentido que possui alguns limites não facilmente definíveis e depende em grande parte de outras variações pessoais e circunstanciais: tempo e espaço, história pessoal, processo formativo continuado etc. Ninguém é maduro em termos absolutos e de maneira não circunstanciada.

Parto de uma idéia muito simples: o conceito corrente que se costuma ter de maturidade, como aquele grau de plenitude do ser humano em algumas de suas dimensões, ou no conjunto delas, como quando dizemos que um fruto está maduro porque entendemos que chegou a sua maturação.

A descrição seguinte de alguns traços de maturidade humana a interpreto, pois, partindo dessa mesma simples constatação do fruto maduro. Descrevo traços que, globalmente considerados, podem ser sintomáticos de certa plenitude do ser humano, isto é, podem ser indicadores da presença de uma aceitável maturidade. Neste ponto, reporto-me aos

---

[7] "No âmbito psicológico não há uma única definição de maturidade humana, mas sim, existem diversos modelos sustentados em concepções antropológicas distintas e às vezes, contrapostas", disse ANNA BISSI, em *Madurez humana. Camino de trascendencia. Elementos de psicología de la religión*. Madrid, Sociedad de Educación Atenas, 1996, p. 10. A autora apresenta os modelos de maturidade humana que, ao seu ver, são os mais representativos (modelos psicoanalítico, epigenético, de auto-realização e de autotranscendência na consistência), cf. p. 11-26.

[8] Cf. J. BELTRAN (e cols.). *Psicología de la Educación*, Madri, Eudema, 1987, p. 290-291.

estudos feitos por G. W. Allport e por A. Maslow[8], cujos critérios de maturidade aplico à pessoa do formativo ou mestre.

G. W. Allport oferece-nos alguns critérios de maturidade humana quando fala, com sua peculiar terminologia, destas três coisas: *extensão do eu, auto-objetivação e filosofia da vida.*

Por *extensão do eu*, pode-se entender a capacidade que a pessoa tem de abertura para uma variedade de interesses autônomos que extrapolam os limites da própria individualidade. Pode-se apreciar naquelas pessoas cuja vida está voltada para os outros, que estão abertas, que são capazes de afrontar empresas que significam um autêntico valor, sem que conte tanto para isso, o gosto ou o desagrado, o deleite ou os sofrimentos, que traga consigo a dedicação séria para tal empresa. Percebe-se, pois, que estas pessoas não vivem emalhadas nas redes de seu próprio individualismo mas que vivem voltadas para os outros — abertas as portas da casa e revestidas de entranhas de misericórdia —, fazendo seus os interesses dos outros[9]. Isto é um verdadeiro sinal de maturidade humana. A *auto-objetivação* consiste no conhecimento sereno e objetivo de si mesmo, das próprias limitações e possibilidades. Quem alcança este conhecimento possui aquela agilidade necessária para saber desprender-se de seus próprios pontos de vista, sem pretender aferrar-se a eles obstinadamente. Sabe, numa palavra, relativizá-los. Possui a sensatez e o são realismo se souber contemplar-se a si mesmo de forma mais objetiva e até com um sutil sentido de humor.

---

[9] "É um ser maduro em humanidade *aquele a quem interessa entranhadamente tanto o próprio como o alheio, e o alheio como o próprio*, ou seja, aquele que ama o próximo como a si mesmo. Quanto menos parcelas do humano interessa-me neste sentido, tanto mais desumano me vou tornando dia a dia". DÍAZ, C. *Diez miradas sobre el rostro del otro*. Madrid, Caparrós Editores, 1994, p. 52.

O humor não é somente fruto da *melatonina*, esse chamado *"hormônio do bom humor"*, mas que é também fruto da maturidade. O sentido do humor não se identifica, certamente, com a capacidade natural para contar chistes ou para "cair nas graças dos outros", mas que é o resultado ou o fruto maduro de um processo de desenvolvimento pessoal. Pertence ao íntimo mundo afetivo e é parte integrante da maturidade pessoal adquirida[10].

Sinal indicativo da maturidade é, ao mesmo tempo, contar com o que se chama uma *filosofia de vida*, e que consiste em possuir aquele conjunto de convicções que respaldam as atuações da pessoa. A *filosofia de vida* é aquela que permite a alguém pôr-se onde lhe corresponde, acertar a se situar, sentindo-se emocionalmente seguro e com capacidade de tolerar, até com facilidade, suas frustrações e sendo senhor de expressar se o deseja, com liberdade, seus próprios sentimentos e suas próprias convicções.

Mas a maturidade de uma pessoa ainda pode deduzir-se a partir de outros sinais indicativos: por exemplo, os traços descritivos relatados por Abraham Maslow falando da pessoa *auto-realizada*: uma das características da pessoa realizada, ou madura, é sua capacidade para perceber de maneira clara e precisa a realidade. Os imaturos, ao contrário, distorcem com facilidade a realidade, embora sem pretender, porque são levados por sua impulsividade e dirigidos pela inspiração de suas ansiedades, expectativas, julgamentos e outros elementos que influem poderosamente neles.

Outra característica é a espontaneidade com a qual a pessoa madura atua, tanto para fora, em seu comportamento e

---

[10] Cf. GÓMEZ MANZANO, R. "Sentido del humor e madurez humana", em *Vida Religiosa* 70 (1991), p. 116ss.

talento, como para dentro, isto é, no mundo de seus pensamentos, da afetividade e dos impulsos. É espontânea, simples, sem artifícios.

Mantém, além disso, certa independência com respeito ao meio ambiente no qual se desenvolve; sabe ser autônomo. Esta capacidade permite-lhe estar por cima das situações; não se angustia por qualquer coisa, mantém a serenidade frente aquilo que contraria na vida, como são as frustrações, as trombadas normais, as privações etc.

Os relacionamentos interpessoais de quem é maduro, por outra parte, não são superficiais. Procura entabular relacionamentos mais profundos do que outras pessoas não tão maduras. Este é um dos distintivos de sua maturidade. Não é um sinal isolado, mas que pode e deverá ir acompanhado de outros sintomas que formam constelação em sua personalidade: por exemplo, a criatividade, a originalidade, o saber imprimir um estilo peculiar, o sentido do humor — antes mencionado —, o distanciamento interior do meio ambiental ou cultural no qual alguém se desenvolve etc.

Se o mestre de noviços deve ser uma pessoa madura, integrada, completa..., que dúvida ainda restaria que deveria ter um pouco de tudo isso. Digo "um pouco" porque temos de assumir que todos temos a parte que nos toca de imaturidade, humanos que somos, quer queira quer não, como o resto dos mortais. Isso sim, o mestre deverá controlar melhor do que os outros a própria falta de maturidade, ser consciente da mesma e não a projetar pesadamente sobre os outros uma vez que exerce uma mediação que está chamada entre outras funções, a absorver a falta de maturidade alheia[11].

---

[11] Cf. GIANOLA, P. "La comunidad formativa", em AA. VV., *Formación para la vida religiosa. Del noviciado a la profesión perpetua*. Madrid, Ed. Paulinas, 1984, p., p. 168.

A maturidade humana — sempre relativa — é, pois, um primeiro requisito que, por outra parte, não se deve dar por suposto em todas as pessoas consagradas, nem nas de idade proveta. A idade não é critério seguro, de modo algum. Talvez, por isso, a atual legislação eclesial omite já a referência aos anos do mestre, embora exija que se trate de um professo perpétuo e que seja legitimamente escolhido para desempenhar tal cargo. A legislação anterior da Igreja, ao contrário, exigia que o mestre designado tivesse trinta e cinco anos completos, ao menos, e que tivesse vivido como professo, pelo menos outros dez[12].

2.2. Pessoa verdadeiramente espiritual

> "Alguns mestres espirituais são seres alienados, e dão a impressão de haver superado as condições ordinárias da existência humana. Um pouco assim me represento os "imortais" tauistas que viviam, e talvez vivam ainda nas fronteiras de nosso mundo e do mundo espiritual. São mestres porque alcançaram um alto grau de espiritualização. Penso que ainda existam mestres deste gênero que suscitam uma veneração extraordinária, mas que ninguém pode entrar em seu mistério. Parecem sempre alienados.
> Se esses mestres são verdadeiramente santos, a aura que os cerca é real, mas se lhes apraz rodear-se de mistérios para se fazerem venerar ainda mais, sua influência não pode ser profunda[13]."

Esses traços descritos pode ser que se enquadrem bem aos *imortais tauístas*. Não me parece, ao contrário, traços próprios para nenhum mestre de noviços, para nenhuma mestra

---

[12] Cf. *CDC* de 1917, c. 559, 1.
[13] RAGUIN, Y. *Maestro y discípulo. El acompañamiento espiritual.* Madrid, Narcea, 1986, p. 109.

de noviças. Ser pessoa espiritual não consiste, de modo algum, em viver distanciados do "planeta Terra", tendo já superado as condições ordinárias da existência terrena; ser pessoa espiritual não é possuir uma aura celeste, estar rodeado de mistério...; nem sequer consiste em ser, simplesmente, observante e exemplar. É nada menos que ser homem — ou mulher — de *Espírito*.

Mas o qualificativo *espiritual* presta-se a equívocos. Não gozam de boa fama os *espirituais*, aos quais, na linguagem popular, se lhes denigra assim com uma irônica conotação pejorativa. Contudo, o termo *espiritual* parece a qualificação adequada e válida para expressar o que se espera de um mestre ou de uma mestra, que sejam pessoas do Espírito; que possuam, ao lado da maturidade humana necessária, esse suplemento próprio que a presença do Espírito outorga na vida do ser humano. A pessoa e as obras da pessoa espiritual transbordam, mesmo sem querer, isso expressamente, essa presença de Deus.

É fácil compreender a conveniência de que a responsabilidade formativa dos noviços seja assumida por quem esteja possuído por uma fina sensibilidade espiritual, uma vez que durante o noviciado se assentam firmemente os alicerces da futura vida religiosa, na qual as motivações sobrenaturais são primordiais e a referência para a transcendência irá ser permanente. A introdução nos caminhos do Espírito tem de ir de mãos dadas com um verdadeiro guia, perito no conhecimento dos dinamismos da vida espiritual. Perito, sobretudo, pela própria experiência.

A espiritualidade de uma pessoa não se mede, de modo algum, pelo padrão de seu temperamento piedoso e recolhido. Com este critério avaliável podemos equivocar-nos freqüentemente. Há, ao contrário, outros sinais inequívocos para nos precaver de que nos encontramos diante de uma pessoa verdadeiramente espiritual; um desses sinais é, sem dúvida, o acurado sentido de *filiação divina*, expresso na oração e em outros aspectos da vida cotidiana; outro sinal é a capacidade de *penetração* no sentido de toda a realidade, como parte do mistério; outro sinal é a *disposição* ou o dinamismo habitual para colaborar na extensão do reino de Cristo, com aguda sensibilidade diante das necessidades alheias, e outro é também a tendência urgente a *crescer*, a se renovar, a progredir cada dia[14].

Mas, se isso fosse pouco, a pessoa espiritual seria reconhecida, além disso, no desenvolvimento de seus trabalhos e na construção de seus relacionamentos: isto é, por sua vida. A espiritualidade autêntica, com efeito, reflete-se sem alardes na vida cotidiana. Os fervores aparentes, que não se encarnam em gestos concretos de entrega, de disponibilidade e de amor doador, são fogo de palha.

O mestre de noviços poderá ser mais ou menos recolhido em seu porte exterior, dependendo de seu estilo pessoal, mas isso pouco importa. Será pessoa verdadeiramente espiritual, ao contrário, vive-se em profundidade um relacionamento confiante com Deus, como Pai de todos, e se esta união com Deus não o afasta do realismo do cotidiano, se o converte em um ser mais solidário e mais comprometido com a comunidade, e se o faz estar mais atento para com seus irmãos e para com o mundo que o rodeia.

Não são, pois, as atitudes devotas externas o critério para julgar a profundidade espiritual de uma pessoa, nem sua capacidade para fazer conferências sobre coisas espirituais. Nem sequer é critério o prolongado tempo dedicado à oração, mas o é a vida inteira.

---

[14] Cf. RUIZ SALVADOR, F. *Caminos del Espíritu. Compendio de Teología Espiritual.* Madri (2), EDE, 1978, p. 165.

É claro, contudo, que não se chega a ser espiritual senão pelo contato com a fonte da vida teologal que é Deus. Por isso, os mestres e, em geral, os formadores, devem contar de maneira imprescindível com uma rica e madura experiência de Deus na oração e renovar-se com a sabedoria que deriva da escuta atenta e prolongada de sua Palavra[15].

2.3. Pessoa com autêntica vocação para a missão educadora

As empresas executadas pelo homem, que são, numa só palavra, efeito de sua potencialidade criativa e nas quais deixa não só o suor de seu esforço mas também o selo peculiar de sua inteligência, são sempre o eco de uma voz profunda da natureza: a *vocação* de cada homem e de cada mulher ao desenvolver sua missão para o bem da humanidade, ao empregar em favor do mundo as energias pessoais que Deus depositou em seu ser. Há, pois, uma dimensão vocacional em todo homem que, embora sendo universal, é contudo, distinta e original em cada um.

Sobre a base da vocação, — universal, mas distinta em cada ser humano — assenta-se o princípio da diferenciação de atividades profissionais. A tarefa educativa, em qualquer de suas áreas, reivindica também uma específica vocação. Ser mestre ou formador supõe também esse chamado.

Ser formador supõe chamado ou vocação para a tarefa educativa. Embora não seja esta a vocação fundamental de um religioso, uma vez que sua vocação primeira é a correspondente ao carisma original de seu instituto, o religioso a quem se confia a formação dos membros de sua congrega-ção precisa, pelo menos, de uma como segunda vocação para a

---

[15] Cf. *PI*, 31.

ação educativa que se lhe confia. Assim, podemos concordar com Eugênio d'Ors em sua convicção de que a vocação não é una, e que em muitos homens há, pelo menos, duas: uma consciente e dominante; outra subterrânea e contestadora[16]. Ao dizer que a pessoa dedicada à formação dos noviços deve ter vocação para a educação, não afirmo que o mestre tenha de ter vocação para a atividade educativa como razão de sua existência, mas afirmo unicamente pela necessidade de que nele se deixe perceber também, de alguma maneira, essa outra vocação chamada *subterrânea* e *contestadora*, conforme a distinção dorsiana, de sorte que possa dedicar-se de corpo e alma, o tempo todo, a algo que além, no fundo de sua própria natureza, não lhe repugne, não contradiga a voz de sua mais íntima profundidade.

Essa vocação educativa aflora, de fato, normalmente por mediação dos superiores do instituto, que oferecem ou encomendam a uma pessoa concreta, e a uma equipe, a tarefa da educação. Os superiores deveriam estar bem atentos, contudo, para não se criar o falso dogma que proclama que "a obediência faz milagres"[17]. Encarregarão, pois, para a formação dos noviços, somente quem possua indícios seguros de vocação para este ministério ou missão, isto é, a quem demonstra aquelas qualidades que são apropriadas para assumir uma responsabilidade formativa, sem esquecer que as qualidades, mais

---

[16] D'ORS, E. "Nuevo glosario", vol. I (1920-1926). Madrid, Aguilar, 1947, p. 320-321, em GALINO, A. (dir.), Textos pedagógicos hispano-americanos, Madrid, (2) Narcea, 1974, p. 1532.

[17] Na *Encuesta FORE '97*, antes citada, constatava-se que 75% dos formadores(as) pesquisados se consideravam com vocação para sua tarefa formativa. Somente 6% diziam não sentir tal vocação. E um grupo de 19% confessava tê-la "mais ou menos". Isto quer dizer que, 25% deveriam ter sido substituídos por causa do grande influxo que o formador tem sobre seus formandos(as). Cf. p. 516-517.

que um *ter*, são modos de *ser*, refletem as qualidades da pessoa. E isso é realmente o importante, pois, trata-se de *ser formativo*, e não se *fazer de formativo*; trata-se de ser *educador*, não de se *fazer de educador*[18].

Podemos encontrar indícios vocacionais para a educação naquelas pessoas cuja disposição pessoal distingue-se por um conjunto de atitudes significativas, indicadoras de idoneidade pedagógicas. R. Hubert, em seu *Tratado de Pedagogía*, resume em três os elementos da vocação pedagógica: o amor para com os educandos, o entusiasmo e o sentido dos valores, e a consciência clara da própria missão educativa.

O *amor verdadeiro* é um sinal inequívoco, e sua ausência é um contra-sinal. Quem não ama os jovens, não se pode entregar em sua educação[19]. Quem não é capaz de lhes querer bem de verdade, não com um amor sentimentalista, mas tampouco somente partindo da racionalidade ou do voluntarioso, não reúne aquelas condições necessárias para enfrentar o trabalho educativo, tantas vezes acrescido de reações imprevistas, que requer paciência, constância, espírito de sacrifício e abnegação.

Nem sequer o amor de caridade basta. A graça da caridade não está chamada para suprir a falta de dotes naturais. O amor pedagógico poderá infundir suas raízes motivacionais também na caridade teologal, mas de maneira alguma pode ser confundida com esta virtude cristã.

---

[18] Cf. GARACHANA, A. "Los educadores o formadores: superiores y responsables de formación (comentário a *PI*, 30-32)", em SANZ, A. (dir.), *Camino de formación...*, Madrid, PCI, 1991, p. 150.

[19] Afirmamos justamente o contrário do que proclamava DOM MIGUEL UNAMUNO, de em *Amor y pedagogía*: "Não faremos com a pedagogia gênios enquanto não se elimine o amor"; ou aquele outro, dito com reafirmação: "Amor e pedagogia são incompatíveis", citado em G. JOVER, *Relación educativa y relaciones humanas*. Barcelona, Herder, 1991, p. 181.

Outro tema é o da pluralidade de formas no qual esse amor pedagógico pode expressar-se. Sobre este ponto não me estendo mais agora, embora o faça oportunamente ao falar do estilo educativo do mestre.

Indício vocacional para a tarefa educativa é também possuir uma *vontade entusiasta* e um *sentido de valores*. Não se trata de um entusiasmo inconsciente e vazio. Trata-se, antes, de uma disposição cheia de ilusão daquela pessoa que conta com um sistema de valores compacto, nos quais crê (valores humanos e religiosos, pessoais e sociais). É a coerência pessoal de saber encarná-los na própria vida e de comunicá-los aos formandos com aquele conjunto de vitalidade e de calor capaz de fazer enraizar-se nos jovens um sentimento de emulação e de suscitar sua acolhida livre, sua aceitação e até a simpatia para com tais valores. É a fé firme, sobretudo, nas capacidades dos educandos e, numa palavra, na perfectibilidade humana[20].

Todo formativo deve possuir esse *anjo*, esse otimismo vital e esse conjunto de entusiasmo necessário para a transmissão de valores, sem o qual estes não se tornam atrativos; são peças mudas de museus, produtos congelados postos nas vitrinas.

Por último, o *sentido da missão educadora*: educar é algo assim como realizar um trabalho artesanal. Não se educa como se fabrica em série. O trabalho educativo requer por parte do educador uma nítida consciência de sua missão e de seu ofí-

---

[20] O catedrático de filosofia Fernando Savater, numa incursão acertada no campo educativo, chega à seguinte conclusão, com a qual concordo plenamente: "[...] enquanto educadores não nos resta outro remédio que ser otimistas, ai! E é que o ensinamento pressupõe o otimismo tal como a natação exige um meio líquido para se exercitar. [...] Porque educar é crer na perfectibilidade humana, na capacidade inata de aprender e no desejo de saber que a anima. [...] Os pessimistas podem ser bons domadores mas não bons mestres", em *El valor de educar*. Barcelona (9), Ariel, 1998, p. 18-19.

cio humilde de artesão; requer a sensibilidade, a atenção e o capricho do oleiro que molda o barro com suas mãos. Sem esta nítida consciência e sentido da própria responsabilidade, não se pode confiar a ninguém uma missão tão séria e delicada como a de formar outros.

2.4. Identificação com o espírito do instituto

A Igreja, que viu com bons olhos a possibilidade de colaboração intercongregacional dos religiosos no campo da formação, tanto inicial como permanente, é contrária que a formação dos noviços se faça nessa modalidade, salvo quando se trata de serviços periódicos e complementares. Em colaboração intercongregacional se poderia tentar, por exemplo, a formação geral para a vida religiosa. A formação carismática, ao contrário, deve estar sempre a cargo da própria família religiosa. Deve ser a mesma comunidade do noviciado — comunidade homogênea própria de cada instituto —, o campo formativo ordinário da formação dos noviços ou das noviças. É doutrina eclesial já bem sólida[21].

Essa orientação é sábia. Não pretende favorecer o espírito fechado "de capelinhas" da formação, mas que procura salvaguardar a identidade carismática. Simplesmente se quer que na etapa tão transcendental como a do noviciado a caracterização peculiar de cada instituto fique assegurada. Isto é algo que não se pode delegar a outros. Não pode ser deixada em mãos alheias. Já o próprio direito, em consonância com esta idéia, determina que o mestre de noviços seja um membro do próprio instituto[22].

---

[21] Cf. *PI*, 100, e *La colaboración entre Institutos para la formación*, p. 14-16.
[22] *CDC*. c. 651, 1.

Pois bem, de nada serviria que a formação ficasse nas mãos de uma pessoa ou de uma equipe de formadores pertencentes, de fato, ao instituto, mas que estivessem pouco identificados com o espírito do mesmo. Parece óbvio que o mestre deve ser uma pessoa plenamente identificada com o espírito de seu instituto. De outra sorte, dificilmente poderá formar os noviços segundo o espírito do fundador, na direção para a qual apontam as orientações da Igreja e as da própria família religiosa. O discernimento e identificação vocacional — e carismática dos formadores, é uma condição de primeira ordem para realizar a tarefa educativa. E isso o é para todos os educadores, especialmente em nosso tempo:

> "Se sempre tem sido uma condição indispensável para educar bem o discernimento e identificação vocacional dos educadores, num tempo como o nosso, tão instável e mutante, tão dado às certezas, tão frágeis, tão amigo do provisional e imediato, tão receoso dos valores absolutos..., cresce a necessidade para contar para esta delicada e decisiva tarefa, com pessoas plenamente definidas e clarividentes sobre o que querem e para onde vão"[23].

O mestre de noviços — também o educador — deverá ser uma pessoa verdadeiramente esclarecida e identificada vocacionalmente com o espírito de seu instituto. Falando de outra forma:

— deverá saber bem *de onde vem* (qual é o marco de valores fundamentais que orientam a própria vida e partindo daí se esforçará por orientar os outros. Ele não inventa a vida religiosa ou o carisma);

---

[23] Bocos, A. *Religiosos educadores en una sociedad pluralista y secularizada*. Madrid, PCI, 1882, p. 64.

— e deverá saber bem *para onde vai* (o que quer — ou o que deveria querer —, isto é, a formação daqueles que lhe foram confiados com a finalidade de serem iniciados num peculiar estilo de vida consagrada).

Mas o discernimento e a identificação vocacional dos educadores em geral, assim como a identificação do mestre — e de toda a equipe formativa —, em concreto, com o espírito do instituto não equivale a simples posse de conhecimentos acerca do fundador, do carisma, da tradição, da história e da disciplina do instituto. Supõe, antes, assimilação existencial do carisma, ou vivência de sua espiritualidade. Significa estar centrado vitalmente nos núcleos que configuram a razão de ser e as obras do próprio instituo e possuir um forte sentido de pertença familiar. Precisa-se, diria, de uma forte *adição* à própria família religiosa, não isenta de realismo para reconhecer, do mesmo modo, as deficiências institucionais e pessoais. Amar o próprio instituto não significa não ver.

O sentido de pertença à congregação e uma identificação o mais unitiva possível com o espírito do próprio instituto não quer dizer ter uma miopia eclesial. O mestre de noviços será, preferentemente, uma pessoa clarividente, capaz de vislumbrar vastos horizontes, de espírito universal. A Igreja é a grande família a qual pertencemos todos nós religiosos, e ser cristão é o maior título de glória que possuímos nós que seguimos Jesus Cristo.

Dentro da Igreja existem outros movimentos, outras forças vivas, outros carismas, outros institutos... Não podemos, por conseguinte, dar a impressão de raquitismo de espírito esquecendo que existe esta riqueza eclesial. O sentido de pertença à Igreja e a identificação com o espírito do próprio instituto não são dimensões contraditórias, mas antes complementares, e ambas prestigiam o bom trabalho daquele que executa a formação dos noviços em nome de seu instituto e, por sua vez, de alguma maneira, em nome da própria Igreja.

2.5. Preparação adequada

A nomeação de uma pessoa para exercer o cargo de mestre de noviços deveria vir sempre precedido de um suficiente tempo de preparação que habilitasse, realmente, a pessoa para enfrentar esta tarefa formativa. A simples nomeação não habilita profissionalmente. É evidente. E, contudo, às vezes, há quem se vê na conjuntura de ter de assumir o cargo e depois começar a se preparar. Esta prática deveria ser uma exceção à regra geral.

A preparação adequada admite diversos níveis:

— há uma *preparação básica* que é a própria formação inicial da pessoa do(a) religioso(a). Essa constitui o húmus fundamental sobre o qual se assenta e cresce toda ulterior especialização. Ter recebido uma boa formação inicial é possuir um grande tesouro. Quem não recebeu uma boa formação inicial não está capacitado para quase nada, e muito menos ainda para formar os outros;

— há uma *preparação remota* porque, embora suponha uma especialização, não predetermina ainda o campo específico do trabalho ou do apostolado do religioso. São os estudos de especialização em determinadas ciências antropológicas e teológicas: ciências da educação, teologia da vida religiosa etc. Seu estudo é verdadeiramente útil para quem vai assumir a responsabilidade da formação dos membros de um instituto religioso;

— há uma *preparação próxima* para exercer o cargo de mestre. É o lapso de tempo com o qual a pessoa conta antes de ser nomeada propriamente ou de tomar as rédeas da formação em suas mãos, para intensificar sua capacitação específica, dispondo-se psicológica e espiritualmente para tal encargo.

As formas de preparação próxima podem ser muito variáveis, desde aquelas que se canalizam através do estudo pessoal, passando pela assistência a cursinhos especializados, escola de formadores etc., até a preparação realizada no próprio campo formativo, sendo companheiro e ajudante do mestre de noviços, a quem se prevê que vai suceder no cargo. A experiência de se introduzir sendo orientado pela pessoa que exerceu antes o cargo de mestre, ou que o está exercendo ainda, torna-se muito instrutivo. O candidato a mestre toma assim contato progressivo com a tarefa que lhe vai ser confiada dentro de pouco tempo e, chegado o momento, a passagem se faz com naturalidade;

— finalmente, há uma *preparação contínua*. Nas tarefas formativas se requer uma flexibilidade mental permanente que obriga manter o esforço de preparação dia-a-dia. São os mesmos jovens que nos urgem a nos manter em forma. Os desafios de cada curso, de cada novo grupo de noviços, de cada jornada..., são muitos. Por isso, se requer espírito de superação, capacidade de auto-análise, esforço cotidiano de pôr-se em dia e se renovar para não sucumbir prematuramente[24].

---

[24] La *Encuesta FORE '97* insistia em alguns dados — referentes aos formadores(as) — segundo os quais se apreciava como uma urgente necessidade manter uma formação contínua nas áreas socioculturais; do mesmo modo, notavam os formadores uma forte carência nas áreas humano-psicológicas; algo menos forte era a carência confessada nas áreas teológico-bíblicas; e era bem mais positiva, ao contrário, a impressão dos formadores acerca de sua preparação nas áreas do próprio instituto (carisma, história, espiritualidade etc.). Cf. p. 518-519.

As leituras escolhidas, os encontros periódicos com outros formadores, a assistência aos cursos específicos são alguns dos meios dos quais se pode lançar mão proveitosamente para manter acesa a ilusão vocacional, isto é, educativa, e com óleo a lâmpada da própria competência profissional. A Igreja, consciente da necessidade desta formação permanente que consiga evitar a esclerotização e o anquilosamento, insiste com os religiosos, em geral, a cultivar-se e renovar-se continuamente[25]. Se para as razões comuns aconselham este esforço de renovação contínua, alertando contra a formação "fogo de palha", os formativoes que têm esta missão em seus respectivos institutos, se compreenderá o caráter urgente desta preparação.

3. Conclusão

A leitura das p. precedentes terá dissipado, espero, uma ou outra dúvida acerca do que pode e se deve esperar de um mestre de noviços (ou de uma mestra de noviças). Os fantasmas em torno da figura ideal da pessoa encarregada pela formação durante a etapa do noviciado terão desvanecido. Agora, portanto, não parece tão difícil dar resposta à pergunta que formulávamos no começo do capítulo: "Quem encontrará um bom mestre de noviços?"

Podemos encontrá-lo entre aqueles religiosos ou aquelas religiosas que possuam, em grau aceitável, os traços essenciais indicados ao longo destas p.: maturidade humana, qua-

---

[25] Cf. *PI*, 67.

lidade de uma pessoa espiritual, autêntica vocação para esta missão educativa, clara identificação com o espírito do instituto e competência profissional ou adequada preparação.

Trata-se sempre de traços fundamentais, mas não extraordinários. O extraordinário é o insólito, o raro, o fantasmagórico. O fundamental, ao contrário, não deve resultar em dificuldade de ser encontrado. E o fundamental é o essencial; nós o encontramos na terra, na natureza das coisas, em nossa própria estrutura humana. Convém, decididamente, que o mestre de noviços seja uma pessoa tirada dessa estrutura humana, que seja de "carne e osso", que sendo assim não contradiz de modo algum a outra exigência de ser pessoa verdadeiramente espiritual.

A falta de qualidades extraordinárias e, sobretudo, brilhantes, não é contradição vocacional para ser mestre de noviços ou formativo. Por outra parte, a falta de qualidades extraordinárias obriga o formativo a manter-se em uma posição de modéstia e simplicidade, virtudes evangélicas que facilitam ainda mais o trabalho formativo.

III
ESTILO EDUCATIVO DO MESTRE

1. A questão do estilo tem sua importância

Pode parecer uma banalidade começar a estudar o estilo educativo. Mas, francamente, será que se trata de fazer uma alegre incursão num tema trivial e inútil? Creio que não. A questão do estilo não é de menor importância. Não se pode tachar de esforço vão a consideração das atitudes que conformam um determinado estilo educativo, nem é um tema carente de interesse.

O conceito de estilo está cada vez mais presente tanto na linguagem familiar como na linguagem científica, e entrou, com todo direito, a fazer parte da terminologia pedagógica. Fala-se, com efeito, de estilos de educação, e sempre em sentido distinto, de acordo com as respectivas hipóteses metodológicas que os sustentam ou respaldam. Estes estilos são algumas possibilidades precisas — relativamente unitárias por seu conteúdo — do comportamento pedagógico, que cabe caracterizar mediante alguns complexos típicos de práticas educativas[1].

---
[1] Cf. WEBER, E. *Estilos de educación*. Barcelona, Herder, 1976, p. 31.

O estilo educativo merece nossa consideração porque o mesmo revela em suas diversas formas externas um determinado esquema de valores. O estilo, disse Allport[2], é o sinal da individualidade impresso em nosso comportamento adaptável. Em nossa cultura e em nosso clima todos usamos algumas modas no modo de vestir, e no modo de nos vestirmos revela-se nosso peculiar e pessoal estilo. Em todo ato que realizamos, desde o simples aperto de mãos numa saudação ou o modo de caminhar até a realização de qualquer outra ação mais importante, deixamos a marca de nosso peculiar estilo, debaixo do qual há alguns esquemas de valores e algumas características que levam o selo próprio de nossa personalidade.

Tudo isso indica que não é ocioso abordar o tema do estilo educativo do mestre de noviços. Com isso não nos deteremos em algo que seja de modo absoluto superficial e que somente afete, como sem querer e superficialmente, a formação. Detrás de um estilo descobrimos a personalidade que o sustenta e adivinhamos o mapa de valores da pessoa do educador incidindo, queira-se ou não, sobre os jovens educandos num determinado sentido: justamente no sentido em que aponta de maneira sintomática, o estilo do educador. Pelo estilo do mestre podemos intuir os frutos da formação.

2. A inter-relação mestre-noviços e o estilo educativo

Compreende-se logo que, quando falamos de estilo educativo, não estamos referindo-nos exclusiva nem principalmente a alguns modos mais ou menos externos de com-

---

[2] Cf. ALLPORT, G. W. *Divenire. Fondamenti di una psicologia della personalità.* Firenze (2), Giunti-Barbéra, 1970, p. 108-109.

portamento do mestre, da comunidade ou da equipe de formadores, mas que nos referimos à atitude que está na base, fundamentando e dominando o total complexo educativo. Essa atitude de fundo provém do estilo educativo, sobretudo, no campo dos relacionamentos interpessoais.

A formação dos noviços tem, como toda ação pedagógica, dois pólos de interesse que saltam à vista: o *mestre* ou o *formativo* e o *noviço* ou o formando; e o relacionamento *mestre-noviço* surge imediatamente como um terceiro elemento de particular importância.

Conforme se coloque o acento em um ou em outro pólo, obteremos acentuações, graduações pedagógicas diversas e a conseqüente pluriformidade de estilos educativos. A pedagogia exige um variado leque de estilos e escolas surgidos sobre a base de conhecimentos objetivos, verificados cientificamente, organizados sistematicamente e obtidos por demonstrações mediante rigoroso método[3]. Por isso, afirma-se que a pedagogia é ciência.

Os peritos no tema dos estilos, no campo educacional em geral, falam-nos de diversos tipos de educação, nos quais encontro inspiração e aplicabilidade no campo educativo do noviciado[4]. Assim, fala-se da educação *centralizada no mestre*: é aquela que privilegia a figura daquele que está à frente do centro educativo, enquanto líder autocrático e transmissor indiscutível da tradição e dos valores da sociedade, da escola, do grupo ou movimento ao qual representa. Hoje em dia acentua-se muito as falhas deste tipo de educação, chamada também *diretiva*; talvez menos suas conquistas, que certamente as tem.

---

[3] Cf. GARCÍA ARETIO, L. *La educación. Teorías y conceptos. Perspectiva integradora.* Madrid, Paraninfo, 1989, p. 378ss.

[4] GIL, M. P. *La relación maestro–alumno. Hacia una educación renovadora.* Madrid, 1977, p. 143ss.

Por outra parte, a educação *centralizada no educando* procura colocá-lo no centro da atenção pedagógica. Costuma descrever-se com traços como estes: o mestre não toma as decisões de maneira unilateral mas que, num clima inter-relacional, natural e descontraído, as submete às discussões do grupo, e depois acompanha e anima os projetos e atividades; sugere, sem impor, os procedimentos alternativos para que os educandos escolham o qual preferem; toma parte no trabalho comum mas sem se intrometer demais... A chamada *Escola Nova* foi a que liderou esta corrente educativa, apostando num estilo progressista contrário aos defeitos que se constatam na pedagogia tradicional.

Há um terceiro tipo de educação, denominado *laissez-faire*, que se caracteriza pelos seguintes traços do educador (exagerados, certamente): este mantém uma postura de inibição, de desinteresse, praticamente não se importa com a caminhada do grupo que tem sob sua responsabilidade formativa; nunca toma decisões, salvo quando os educandos lhe pedem expressamente; dá a impressão de não se interessar nem apoiar o que cada um faz; não exerce o papel de animador, assistente, orientador etc. O que lhe interessa é, em uma palavra, a abstenção.

Esses três tipos de educação brevemente descritos representam o retrato-robô de outros tantos estilos educativos. Na análise de nossas intervenções educativas reconheceríamos, sem dúvida, traços com os quais nos sentiríamos plenamente identificados. Mas, é claro, não dá no mesmo que adotemos um ou outro tipo de intervenção.

Parece abertamente fora de qualquer possibilidade um estilo educativo inspirado nesse *laissez-faire* ou deixar fazer, que significa, por parte do educador, uma renúncia em exercer o papel de responsável que lhe foi confiado dentro do campo educativo. As investigações levadas a termo sobre este tipo de intervenção[5] — ou, para o expressá-lo melhor, ausência da mesma — revelaram que os resultados obtidos são bem mais escassos e frustrantes, negativos, tanto em nível de produtividade ou eficácia no trabalho como em nível de satisfação emocional por parte dos educandos.

O estilo *centralizado no mestre ou educador*, à luz das investigações realizadas, consegue alcançar, certamente, uma eficácia significativa em nível das tarefas que se realizam, isto é, é produtivo a partir do ponto de vista quantitativo; mas se ressente, não obstante, na dimensão inter-relacional pelo aparecimento de alguns germes nocivos, como são a competitividade e a hostilidade entre os educandos, além do alto grau de dependência que gera entre eles.

O estilo educativo *centralizado no educando*, ao contrário, exclui essas dificuldades. Sua vantagem parece reconhecida, tanto pela produtividade ou eficácia alcançada no trabalho, quanto, sobretudo, pelo ótimo clima que se respira: um ambiente de cordialidade, de intercomunicação e de autonomia pessoal e grupal.

Conseqüentemente, à luz desses estudos e investigações que foram realizadas, podemos concluir que um estilo educativo *centralizado no educando* parece ser o ideal.

Estamos conscientes, contudo, de que a educação de nossos jovens e sua formação para a vida religiosa é complexa. Sabemos que implica a transmissão de valores específicos, de alguns hábitos, de uma sensibilidade religiosa, de algumas tradições, de um estilo ou ar de família etc. Quer dizer que, embora idealmente, — e em princípio, deve-se procurar pelo ideal —, a formação deveria centralizar-se em nossos jovens,

---

[5] Investigações de Lewin, Lippit e White; Cf. BELTRAN, J. e col., *Psicología de la educación*. Madrid, Eudema, 1987, p. 351; Cf. HARGREAVES, D. *Las relaciones interpersonales en la educación*. Madrid (3), Narcea, 1986, p. 131ss.

como sujeitos e protagonistas de sua educação, a instituição tem também muito a dizer. Somente tem de saber dizê-lo bem.

A formação terá de ir veiculada através de um estilo educativo de traços cuidados, que seja respeitoso ao máximo com o protagonismo que lhes corresponde desempenhar com os jovens. Mas, por sua vez, deve ser respeitoso e fiel com a instituição — família religiosa, comunidade eclesial etc. — a cujo serviço e em cujo nome se realiza a formação.

Talvez não se trate de se pôr na disjuntiva de ter de se optar por um estilo não diretivo, ou por outro de cunho diretivo...Talvez se possa e se convenha optar por um estilo *comunial*[6] que abranja a validade demonstrada do método não diretivo à medida que co-responsabilize a todos por sua vez, mestre ou equipe e noviços, num esforço para chegar solidariamente a alcançar os mesmos objetivos.

Seja lá como for, caímos na realidade de que é precisamente no campo dos relacionamentos interpessoais — na interação ou ação recíproca educativa — que se exerce realmente boa parte do êxito da formação. É imprescindível, pois, cuidar desse *relacionamento pedagógico*. Nele se define claramente o estilo educativo do mestre.

Passo a estudar esse relacionamento pedagógico. Apresentarei assim uma série de perfis importantes, que poderiam ser, ao meu ver, os mais adequados ao bom estilo educativo do mestre de noviços. Ofereço pistas ou sugestões com a finalidade de revisão da própria disposição pessoal na cotidiana luta formativa.

---

[6] Cf. JUJOL I BARDOLET, J. "El noviciado como punto de partida y de iniciación a la vida religiosa (líneas orientativas para el noviciado del futuro)", em *Confer* 19 (1980), p. 339ss.

2.1. Um estilo educativo animado pelo amor

Sinal inequívoco de possível vocação para a missão educativa — já o indiquei anteriormente — é o amor para com os educandos. O estilo educativo do mestre deve ter o selo do amor. Neste ponto, inclusive, convém exagerar: o mestre, que é o acompanhante nato e permanente dos noviços, deve possuir um "enorme excedente de ternura"[7], sem chegar a cair como é lógico, em expressões melífluas no trato ordinário com seus irmãos mais jovens.

O amor genuíno, mesmo sendo do coração, no sentido de que emerge da própria natureza humana, não se confunde com a simpatia, com a atração. Admite purificação e se desenvolve até converter-se em amizade incondicional, desinteressada. Pode chegar a alcançar, inclusive, os graus e matizes próprios do *ágape cristão*. E sempre exige abnegação, desprendimento, capacidade de sacrifício.

Mas não é nunca um amor puramente *espiritual* o amor pedagógico, se por espiritual se entende aqui um amor desencarnado e platônico. É um amor de benevolência e de beneficência, isto é, de coração e de fatos; quer o bem das pessoas e, além disso, expressa esse afeto ou benevolência interna com as obras externas que, por sua vez, intensificam ou reforçam aquele amor. São Paulo (1Cor 13) descreve com traços concretos, nada platônicos, o que seja o amor cristão. Que razão haveria, então, para não aplicar também no campo educativo o que se diz acerca do verdadeiro amor cristão?

Contudo, é verdade que esse amor deve conotar uma específica intencionalidade pedagógica. Não é preciso que isto seja sempre de maneira consciente e explícita, basta que se

---

[7] Cf. MOLLÁ, D. "El acompañante en los procesos de formación", em *Sal Terrae* 82 (1994), p. 749.

dê, de fato, vitalmente. O amor pedagógico traz consigo a preocupação e a responsabilidade pelo bem dos educandos, cuja formação integral, plena e livre, se persegue em toda ação educativa autêntica. Tal intencionalidade pedagógica atualiza-se principalmente no relacionamento interpessoal educador-educando.

É no relacionamento interpessoal que se conjuntam as harmonias emocionais e servem de apoio para toda a tarefa educativa. Esta dimensão emocional merece tanto cuidado e atenção, pelo menos, com os conteúdos que transmitem. A intencionalidade pedagógica deveria ser, para os educadores, como o propósito renovado cada dia de abordar sua missão não somente enquanto transmissores de uma cultura e de alguns valores, mas também enquanto promotores de alguns relacionamentos humanos recarregados cotidianamente de estima, de acolhida incondicional, de respeito, de compreensão etc.

A importância que reveste a dimensão emocional no comportamento dos responsáveis pela formação, pela repercussão que tem sobre os educandos, aconselha a empregar toda atenção e cuidados no desenvolvimento de todo relacionamento educativo. É claro que isso depende, em grande parte, do estilo do educador e dos colaboradores na formação[8].

A disposição positiva do educador não é um elemento puramente decorativo, mas que procura propiciar uma interação adequada, alguns relacionamentos nos quais sobressaiam a valorização positiva dos educandos e a criação de um clima de cordialidade envolvente, qualquer que seja a idade ou o momento formativo.

---

[8] Cf. O estudo dos relacionamentos interpessoais e do grupo realizado por TAUSCH, R. e TAUSCH, A. M. *Psicologia dell'educazione*. Roma, Città Nuova, 1979, p. 419ss.

A intuição na qual se baseou São João Bosco e a sua metodologia educativa foi justamente esta: um amor impregnado de racionalidade e de compreensão humana, de sensibilidade delicada e de fé profunda na condição de filhos de Deus que tinham seus rapazes. Além disso, teve a arte de saber comunicá-lo. Ele estava persuadido de que o amor pedagógico autêntico é transparente e isso podia ser notado. Por isso, estava empenhado em que os jovens se dessem conta de que ele os amava de verdade.

Os educandos precisam perceber que os queremos bem. O educador não é um bom comunicador se somente ama mas não consegue fazer os educandos saber isso; ou se suas intervenções empanam ou ocultam o que há em seu coração. É importante, pois, que a interação educativa apóie-se firmemente sobre este componente emocional, sem descuidá-lo como se fosse algo secundário.

Os relacionamentos do mestre com os noviços deveriam ter também esta imagem reproduzida do amor, e de um amor maduro. O clima de confiança e cordialidade mútuas será o sinal de que tudo caminha bem. Um noviciado no qual não desabrocha a familiaridade, dá a impressão de ser um tanque de águas quietas, ameaçadas de morte. Um noviciado no qual há alegria, simplicidade de trato, espontaneidade, ares de liberdade, ao lado da exigência de seriedade, é garantia da presença de um estilo educativo que valoriza as pessoas, que promove nos jovens a auto-estima e a confiança em seu próprio valor. Um estilo educativo animado por este amor pedagógico é sem dúvida criativo, isto é, facilita o desenvolvimento das energias vitais que se encontram nos jovens e que lutam por brotar do fundo de suas almas. Um estilo com essas características elimina os estados de ansiedade e a insegurança que estão incubadas, com freqüência, e os fantasmas paranóides.

2.2. Disposição paciente, otimista e alentadora

Já a Sagrada Escritura recorda-nos que a caridade é paciente. O amor converte-se em paciência, em capacidade de tolerância e indulgência diante dos erros alheios. Isto, na formação, tem uma importância fundamental. Em algum instituto religioso, as constituições recomendam ao mestre de noviços a virtude da paciência, particularmente no início dos "anos de provação", quando os candidatos iniciam-se nos usos e costumes da vida religiosa.

A paciência é requerida também, especialmente, nos momentos de crise, nas fraquezas, nas faltas reincidentes, e no transcorrer lento e trabalhoso do processo formativo que volta a se iniciar a cada ano.

É, sem dúvida, necessária virtude no mestre. Mas ser paciente não significa ser simplesmente resignado. Limitar-se a ser paciente, com resignação ou com passividade, é muito pouco. O mestre que se mostra paciente diante dos desafios cotidianos, não reagindo, pode estar passando aos noviços uma mensagem tão nefasta como a seguinte: "Pobre noviço, você é uma calamidade e, por isso, terei paciência com você". A paciência deve vir acompanhada de uma atitude mais construtiva do que de simples resignação: uma atitude alentadora, de acolhida incondicional e de apreço ou valorização das capacidades reais de cada um dos noviços, inclusive nos momentos exatos nos quais a correção fraterna torna-se imprescindível.

É importante que o mestre creia de verdade nessas forças interiores de cada noviço e que saiba transmitir este convencimento. Por pouco que conheça de cada um, encontrará base suficiente para animá-lo na empreitada de pôr-se a trabalhar cheio de ilusão com seus talentos para fazê-los frutificar. Conhecemos sobejamente o que seja o *efeito Pigmalião*, expressão criada com a qual se quer aludir aos efeitos que as expectativas dos educadores produzem no rendimento dos educandos[9]. Sabemos que as expectativas que os educadores manifestam realmente influem em todas as ordens, sobre o rendimento dos jovens formandos. Não se trata, por isso, de descobrir talentos, nem de persuadir ninguém de que possui aquilo que realmente não tem. Trata-se, antes, de reconhecer e animar os dons pessoais da natureza e da graça que cada um recebeu. A comunicação deste otimismo vital nas próprias forças é arte do mestre.

Às vezes os noviços são presas do desânimo, passageiros em algumas ocasiões, mais profundos e duradouros em outras. Nem sempre torna-se fácil achar uma solução rápida para o problema. Talvez nem sequer o formativo veja as coisas claramente. Mas, de qualquer maneira, que não provoque o pânico! Uma atitude compreensiva, sem dramaticidade e otimista por parte do mestre ajudará a dispersar as nuvens negras do horizonte. A partir daí, se poderá infundir ânimos, tão necessários para o ser humano em toda conjuntura.

Está demonstrado, dizem os psicólogos, que o ser humano necessita, e de maneira decisiva em sua infância, destes estímulos alentadores[10]. Mas não é menos certo que em toda idade e circunstância — particularmente durante os anos da formação — são bem-vindos estes alentos e surtem sempre o efeito benéfico de ajudar a enfrentar a vida com maior segurança. Inclusive os temperamentos arredios e alérgicos aos agrados escondem, com freqüência, um coração sequioso de compreensão e de ternura. Claro que executar bem requer arte, isto é, sentido de intuição para realizá-lo oportunamente e na

---

[9] Cf. MORALES, P. *La relación profesor-alumno en el aula.* Madrid, PPC, 19988, p. 63ss.

[10] Cf. DINKMEYER D. e DREIKURS, R. *Il processo di incoraggiamento.* Firenze, Giunt-Barbéra, 1974.

forma adequada ou, dito de outro modo, fazê-lo com competência metodológica.

O reconhecimento das conquistas conseguidas, o interesse pelas coisas dos formandos, o louvor oportuno e outros gestos espontâneos de autêntica fraternidade conformam as atitudes positivas que contribuem poderosamente para infundir ânimo nos corações dos jovens. Eles têm também algumas expectativas a esse respeito e contemplam a pessoa adulta que os acompanha sob o prisma de diferentes figuras, conforme os momentos ou situações: umas vezes vêem no formativo o pai; outras, o irmão ou um amigo de confidências, o conselheiro, o guia... E em qualquer destas figuras, esperam do formativo uma atitude positiva, nitidamente alentadora.

Os mestres ou os formadores "carrancudos", "os profetas das calamidades" e os que têm a vocação de "grã-corregedor" são incapazes de animar os jovens. Atormentam-se a si mesmos e atormentamos os outros. São como pastores cujos apitos espantam o rebanho. São, simplesmente, ineptos.

2.3. "Não deixem que os outros os chamem de mestres..." (Mt 23,8)

Sempre chamou-me a atenção o caso omisso que fazemos para com esta palavra evangélica:

> "Quanto a vocês, não deixem que os outros os chamem de mestres, pois um só é o Mestre e vocês todos são irmãos. E aqui na terra, a ninguém chamem de pai, pois um só é o Pai, aquele que está nos céus. Nem permitam que os outros os chamem de chefe, porque um só é o chefe de vocês, o Cristo".
> (Mt 23,8-10)

Na vida religiosa acumulamos impunemente vários destes títulos: padres, madres, mestre, diretor, diretora etc. E não é grave a questão dos nomes. O que realmente é grave, por ser antievangélico, é a atitude que às vezes se insinua no uso destas expressões. Nosso estilo educativo poderia estar camuflando a usurpação do senhorio, da paternidade e do magistério de Deus. Isso sim seria grave!

Antes aludia às expectativas que os noviços têm com respeito do mestre, conforme a lista de aspectos que sua figura assume nas diversas circunstâncias, e que representam um amplíssimo espectro. O mestre pode realmente assumir, efetivamente, a *figura de mestre* diante dos noviços, exercendo um magistério, representando uma tradição, uma doutrina, uma espiritualidade, alguns critérios de vida religiosa. Mas o único e verdadeiro Mestre é Jesus Cristo, a quem em momento algum o formativo deve desbancar. É oportuna aqui a advertência de Santo Agostinho:

> "Não penseis que se pode aprender algo de outro homem. Podemos chamar nossa atenção com algum estrépito de nossa voz; se não está dentro quem pode ensinar, nosso estrépito torna-se inútil... Aquele que ensina, é, portanto, o Mestre interior: Cristo; sua inspiração é a que instrui. Se sua inspiração e sua unção não se acham presentes, as palavras não fazem mais que ressoar inutilmente fora"[11].

O mestre de noviços, como todo educador na fé, não pode jamais usurpar o magistério vivo e direto de Cristo. Mas antes deve inspirar-se nele, já que Jesus é o modelo e a imagem perfeita para quem quer aprender e revestir-se com a arte da pedagogia. Ele foi o melhor pedagogo da época, da solícita atenção aos detalhes, da singularidade. Ele continua sendo o Mestre insubstituível.

---

[11] SANTO AGOSTINHO. *Comentario a la 1ª Carta de San Juan*, Trat. 3, 12-13: SC 75, p. 208-212.

O mestre pode, do mesmo modo, desempenhar o *papel de pai* (e a mestra o de *mãe*). Executa aqui uma importância decisiva a ascendência pessoal, a experiência dos anos, a própria função mistagógica e outras qualidades individuais. Mas o único Pai é aquele que está nos céus... E o mestre pode encarnar também o *papel de senhor*, isto é, da autoridade, da direção, da organização. Mas o único Senhor é Cristo Jesus. Se o mestre perde o norte ou o sentido de realismo na interpretação destes diversos papéis, confundirá sua própria identidade com o papel que representa[12]. Seu estilo educativo acusará infalivelmente tipos esquizofrênicos.

Existem, às vezes, atitudes de superioridade que delatam usurpação do senhorio divino. São João da Cruz reparou sutilmente na indignidade e ineptidão para exercer a autoridade que exibiam aqueles que não sabiam mandar senão "com império"[13], isto é, impondo-se. O estilo autoritário, — esse "mandar com império" — é inaceitável do ponto de vista evangélico, porque contradiz a única soberania e paternidade divina e a conseqüente filiação de todos os homens que, antes de nada, somos humanos com direitos iguais.

No campo formativo pode-se infiltrar com facilidade, talvez de maneira inconsciente, um autoritarismo sutil, que nasce com freqüência da boa vontade dos formadores. Explico-me: são essas formas de paternalismo e de maternalismo que não deixam espaço para a liberdade própria dos filhos de Deus. Já não é o caso extremo das atitudes de verdadeiros detetives,

---

[12] Por isso a importância de que o maestro se esclareça e assuma a função — o papel que verdadeiramente lhe corresponde ou que se pode esperar dele; Cf. Besnard, A. M. "La fonction de maître des novices", em *Suppl. Vie Spirituelle* 72 (1965), p. 13-29.

[13] "Dictámenes de espíritu" (apresentados por Eliseo de los Mártires), Dictamen 1, em Simeón de la Sagrada Familia (Ed), *Obras completas de San Juan de la Cruz* (texto crítico-popular), Burgos (2), Ed. El Monte Carmelo, 1972, p. 96.

do controle exagerado, da superproteção e supervisão de tudo, de multiplicar as bênçãos, as concessões, as mínimas permissões; exageros que infantilizam os formandos pela dependência que criam. É também o estilo de distribuir ordens, a maneira impositiva de apresentar projetos, a ausência de racionalidade, a falta de explicações naquilo que se determina, as perguntas recriminatórias, os silêncios tensos, certos gestos, certas atitudes irônicas etc.

Essas maneiras de relacionamentos com os educandos denotam um estilo educativo autocrático, no qual nada ou pouco tem valor a opinião dos jovens, cuja responsabilidade pessoal se ignora por completo. Se lhes concede um pequeno grau de autodeterminação e de liberdade individual; se confunde exercício da autoridade com mando despótico, que se justifica por motivo da obediência religiosa, entendida como submissão passiva. Sabemos que a verdadeira obediência religiosa supõe sujeitos maduros, pessoas com capacidade de assumir ou ir assumindo responsabilidades, sem excluir a própria iniciativa; e isto somente se consegue mediante a prática e a experiência de uma autonomia pessoal cada vez maior. Sabemos que desta forma não eliminamos — intencionalmente, ao menos — a autoridade que nos compete como formadores, nem torpedeamos assim os fundamentos da obediência religiosa.

O estilo educativo do mestre condiciona mais do que parece a maturação humana e religiosa dos noviços. Assim, quando o mestre é habitualmente muito considerado com os outros pontos de vista e, em vez de impor-se com ordens, limita-se a apresentar propostas e mostra-se aberto ao diálogo, então não somente guarda umas boas formas, cheias de uma correção que se pode esperar dele, mas que seu estilo educativo está impregnado também de um respeito pela pessoa que se torna estimulante para o amadurecimento dos formandos: os noviços se conscientizam de que se conta com eles, de que não são "massa descartável"; assumem sua responsabilidade, inclusive aprendem a acatar e apoiar as decisões da comunidade, ou do próprio mestre, quando chega o momento, porque compreendem que quem está à frente de uma comunidade se vê na necessidade de vez em quando, tomar algumas decisões, e sabem que, quando houver oportunidade, poderá pedir e poderá dar-se a explicação que tornará mais razoáveis e compreensíveis aquelas decisões tomadas[14].

Os pequenos detalhes da vida do noviciado e, em especial, os relacionamentos interpessoais, revelam se o estilo educativo do mestre e dos componentes da equipe formativa caracteriza-se por este respeito pessoal, se possibilita a conveniente margem de liberdade, se são levados em consideração os pontos de vista alheios, se há um espaço de autonomia e de diversificação nos quais os noviços sejam — e se sintam — eles mesmos.

O exercício da autoridade não deve pesar sobre a comunidade. Não existe melhor exercício da autoridade que aquele que não se deixa notar, mas que realmente se exerce. O mestre de noviços não deve ser cioso de sua autoridade, sem abandono da mesma. Não precisa convencer-se a si mesma nem aos outros de quem manda. Ninguém vai duvidar de que, efetivamente, sobre ele recai a autoridade por razão daquilo que se chama delegação administrativa; e também pela nomeação canônica. Mas os noviços não precisam destes argumentos para acatar ou apoiar suas propostas, prestando-se prazerosamente em colaborar em sua própria formação. E o mestre não renuncia a sua autoridade pelo fato de não impô-la autoritariamente. Cabe recordar, a este propósito, as palavras de R. Cousinet, referindo-se ao âmbito escolar:

---

[14] Cf. FRANTA, H. *Interazione educativa*. Roma, LAS, 1977, p. 40ss.

"Não se trata para um mestre de humilhar-se, ainda menos de se eclipsar ou desaparecer. Pelo contrário, deve estar presente com toda sua presença não magistral mas humana. Ele conserva toda sua autoridade intelectual e moral, mas não impõe esta autoridade a seus alunos, põe-na a seu serviço"[15].

A autoridade do mestre de noviços — à margem do reconhecimento de sua legitimidade canônica — se autentifica e cresce na mesma relação educativa. O mestre não perde sua autoridade, não se confunde com o grupo de noviços, mantém a dissimetria pedagógica necessária, mas a reduz às suas justas dimensões, com a finalidade de facilitar assim um inter-relacionamento positivo.

É verdade que este estilo que alguns chamam "democrático", "não-diretivo", supõe na pessoa do mestre certa dose de humildade e de paciência. Pedir humildade, contudo, não devia soar como algo estranho. Para ser mestre — para ser sábio — tem de ser humilde. A humildade revestida da caridade, provê o ser humano com as bases da sabedoria[16]. Um mestre humilde estará aberto à verdade, venha de onde vier. Buscar a verdade onde quer que se encontre, na companhia dos noviços, é sinal não só de humildade mas também de inteligência.

2.4. A presença educativa

Uma característica que não pode faltar em nenhum educador é sua presença junto de todo processo formativo. O estilo educativo do mestre de noviços fica marcado também por esta presença praticamente ininterrupta na casa de noviciado.

---

[15] Cit. em POSTIC, M. *La relación educativa*. Madrid, Narcea, 1982, p. 58.

[16] Cf. JERSILD, A. T. *La personalidad del maestro*. Buenos Aires, Paidós, 1965, p. 93.

A função educativa, para a qual a própria Igreja põe acima de qualquer outra atividade[17], requer do mestre a continuidade de sua presença e a liberação de toda outra obrigação que lhe possa impedir de cumprir plenamente essa função de educador. A importância da formação dos noviços justifica a dedicação do tempo integral a esta tarefa. A vocação de educador que o mestre tem exige uma dedicação que é incompatível com outros compromissos ou ocupações que possam furtar o tempo e as energias destinadas à formação. A contínua presença do mestre, nunca enfadonha, supõe-se, é condição formativa de primeira ordem. Não se pode ser educador à distância, ou aparecendo de vez em quando para realizar determinados trabalhos. Há funções que o mestre pode delegar para outros seus colaboradores. A função de mestre, como tal, é indelegável.

O noviciado é o lugar do ministério do mestre[18]. Isto quer dizer que a tarefa educativa e pastoral no noviciado é sua específica missão. Dificilmente se pode realizar bem esta missão se não se assume como tal, se é considerada como uma carga que se suporta e que se leva a reboque, ou que se aceita simplesmente por obediência.

Isso explicaria a tentação para a deserção formativa. Que pode sentir o mestre e que pode se lhe apresentar sob a capa de trabalho, de zelo pastoral ou resposta a certos apelos exteriores, mas que na realidade seriam fugas para outros campos de apostolado porque o da formação, às vezes, torna-se monótono e menos gratificante.

---

[17] Cf. *PI*, 52.
[18] Cf. *PI*, 52. Cf. SAN ROMÁN, J. "El noviciado y la primera profesión (comentário a *PI*, 45-57)", em SANZ, A. (dir.) .*Camino de formación*... Madrid, PCI, 1991, p. 237-238.

Não é que o mestre de noviços tenha de permanecer, não obstante, confinado na casa de noviciado. Isto comportaria, igualmente, desvantagens para a própria formação. As circunstâncias concretas de cada lugar e de cada instituto, e a capacidade pessoal de cada mestre, aconselharão uma maior ou menor liberdade de movimentos para assumir outras tarefas ou compromissos alheios ao noviciado. Mas, de qualquer modo, se requer que a pessoa assuma o cargo de mestre como sua missão principal — se não a única —, com sentido religioso e com sentido vocacional de educador. Somente desta sorte poderá estar disponível continuamente para os noviços, e só assim poderá esperar deles a abertura e disponibilidade desejáveis.

É evidente, contudo, que a presença contínua do mestre não resulta por si só, automaticamente, educativa. À continuidade de sua presença deve ser acrescentada a qualidade pedagógica da mesma. Um mestre não é um guarda juramentado ou um bedel que controla as entradas e saídas... A presença do mestre não é simplesmente física, mas de outra índole. É, a sua presença, uma assistência permanente, uma disponibilidade contínua, um se pôr a serviço dos noviços com sua qualidade de pessoa e de representante do próprio instituto. Sua presença possui, então, algumas características que a convertem em elemento altamente educativo.

Entende-se que a ubiqüidade não é qualidade que defina o mestre. Não é um vigilante *onipresente*. Sua presença adquire características e variedades circunstanciais. Pode — e até convém —, que sua presença algumas vezes passe quase inadvertida, diluindo-se no grupo dos noviços. Em algumas ocasiões pode revestir certa densidade, aquela própria das intervenções expressamente magisteriais. De qualquer modo, contudo, sua presença deve ser bem dosada, estar revestida de naturalidade e tornar-se estimulante (antigamente se dizia: "ser edificante").

O mestre tem de saber estar, semelhantemente, quando está; e tem de saber retirar-se com oportunidade, pondo-se à margem para contemplar com suficiente distância a marcha da comunidade. A presença do mestre supõe, com efeito, agudeza perceptiva para poder captar o que sucede no grupo e o que, por acaso, inquieta a cada um dos noviços. Há sinais emitidos para os quais o mestre deve estar muito atento, ficando de antenas ligadas para os acontecimentos de cada dia e para as reações espontâneas através das quais os jovens transmitem suas mensagens codificadas, que é preciso captar e decifrar inteligentemente (*inteligenti pauca*).

2.5. Uma disposição que transpira "ar de família"

Esta nota carismática finalmente não precisa de muitas explicações. Poderia dar-se por suposto que o mestre, membro qualificado do instituto, transpira o característico "ar de família", e o expande ao seu redor. A vivência da espiritualidade do próprio instituto se deve transluzir quase de maneira automática no desenvolvimento das tarefas formativas, nos relacionamentos com os formandos, na disposição habitual (*ex abundantia cordis os loquitur* = a boca fala do que o coração está cheio). O estilo do mestre não pode ser neutro: refletirá o espírito congregacional, esses traços pelos quais se poderia reconhecer uma pessoa como pertencente a uma específica família religiosa.

3. Decálogo do estilo educativo

Há um ditado que diz que "cada mestrinho tem seu estilinho". Aplicado ao tema que nos ocupa, diríamos que também cada mestre de noviços tem seu próprio estilo. São esses traços pessoais que cada qual imprime a seu modo de atuar, a sua maneira de falar, de se relacionar e de realizar qualquer ação. São os traços da própria rubrica.

Esses traços, que delineiam inevitavelmente o estilo do educador, são também formativos, isto é, incidem na formação dos jovens. Mas é desejável que esses *traços pessoais* não ganhem demasiados relevos no conjunto do estilo do mestre; que sejam pessoais, sim, mas não exageradamente pessoais. Esta seria uma recomendação obrigatória, antes de pôr ponto final ao tema do estilo educativo, com o qual pretendi oferecer pistas de revisão para a disposição dos encarregados da formação dos noviços.

Essa mesma recomendação — evitar os "personalismos" — encontra-se em algum dos seguintes pontos. É uma espécie de *decálogo do formativo*. Pertence ao professor Pietro Gianola, que esboça magistralmente o "novo estilo" (rol-talante-perfil) do formativo em geral, que tem perfeita aplicação à figura do mestre de noviços. Vejo, nas qualidades educativas que Pietro Gianola aponta[19], os traços definidores do *estilo do mestre*:

— "Em sua personalidade devem conjuntar-se *uma boa síntese vocacional religiosa,* geral e específica, e uma adequada maturidade humana e cristã. Será uma pessoa capaz de viver esta síntese tanto em sua dimensão pessoal e íntima como em sua dimensão social e comunitária, principalmente dentro da comunidade. Será uma pessoa com capacidade para mostrar

---

[19] Cf. GIANOLA, P. *La comunidad formativa,* p. 166-168. Advirto que preferi apresentar aqui minha própria tradução um tanto livre e direta do original italiano, "La comunità formativa", em AA.VV., *Formazione alla vita religiosa. Dal noviziato alla professione perpetua.* Roma, Ed. Rogate, 1983, p. 160-161.

73

essa síntese e com suficiente atrativo para poder arrastar e envolver na mesma os jovens religiosos. Saberá fazer isso com alegria, convicção, esperança e entusiasmo;
— terá de conseguir reabsorver seus 'personalismos', seus desejos conscientes e inconscientes ou solapados de estar por cima, de ser dono e senhor, de distribuir ordens, de se auto-afirmar e de pôr-se na defensiva. *Será um pobre*;
— deverá deixar de lado — ou delegar para outros — certas funções, tais como a organização da disciplina, a vigilância e o controle para poder colocar e manter em primeiro plano: sua própria identidade expansiva enquanto formativo, os valores cristãos e vocacionais religiosos — que se devem transferir e cultivar —, e os próprios jovens religiosos, destinatários de seu amor e atenção educativa;
— deverá *contar com uma mensagem-programa vocacional e formativa clara e completa* para propor: uma mensagem não fechada e rígida, mas aberta à vitalidade juvenil, ao futuro, à atitude de busca, à renovação, em suas condições de ser revisada e reconsiderada mais vezes, de ser melhorada e voltada a ser inventada infinitas vezes se preciso for, apoiada sobre o fundamento das certezas perenes;
— deverá estar firmemente convencido de que formar não consiste em transmitir ou conformar partindo de fora..., mas em propor valores e comportamentos orientados para um incessante e repetido *reinvento interior*, pessoal e comunitário, contando com as dificuldades, as dúvidas, inclusive as resistências e os conflitos, admitindo às vezes alguma negociação: suportando esperas, gastando paciência, emprego de tem-

po, repetições; respeitando a originalidade de cada indivíduo e de todo o grupo;
— deverá saber levar a cabo um *trabalho formativo* em três níveis: no espiritual (em torno dos valores vocacionais e cristãos comuns), no racional (com seu bom trabalho, com seu talento e com sua inteligência) e no psicológico (segurando as rédeas das emoções, dos desejos, dos afetos, da sensibilidade, das convergências e das resistências, dos desvios conscientes e subconscientes, tão difíceis de perceber, de controlar, de desemaranhar;
— deverá manter-se sempre em seu posto, como *fator dinâmico central* da comunidade, desenvolvendo sua tarefa com uma presença exemplar e estimulante, alegre, comprometida, comunicadora, capaz de suavizar tensões e de encurtar distâncias e diferenças, enfrentando diálogos difíceis, numa atitude de abertura a tudo o que significa avanço, promovendo a verdadeira liberdade no Espírito e do Espírito que está presente nos jovens religiosos. Será um verdadeiro pai e pastor;
— o formativo, supõe-se, terá de saber *controlar melhor que os outros sua própria falta de maturidade*, não permitindo que pese demasiado sobre os outros, tomando consciência dela e não a projetando em seu estilo ou maneira de guiar a comunidade, o que a converteria em fator de tensões, de mal-estar e de complicação. Assim, poderá absorver e contrapor a falta de maturidade alheia. E visto de um enfoque positivo, o formativo há de ser uma pessoa equilibrada que seja dona de si, que seja serena, leal, capaz de promover a paz ao seu redor e de tornar simples o que é complicado; deve ser uma pessoa aberta, circunspecta, respeitosa e com capacidade de reserva;

— será uma pessoa com grande capacidade para o diálogo tanto em nível pessoal como grupal, de forma espontânea e informal e de maneira intencionada, isto é, sabendo suscitá-lo, requerê-lo e levá-lo adiante com desenvoltura;

— não porá no centro da atenção alheia sua própria pessoa, nem invocará seu posto ou cargo ou sua autoridade quando as razões, os motivos e as decisões possam apoiar-se diretamente nos valores, nos compromissos, no bom sentido, no consenso geral; mas há de se esforçar de pôr isto de manifesto".

IV
O RELACIONAMENTO FORMATIVO NO NOVICIADO

Foi definido o *relacionamento formativo* como "encontro em comunicação com uma ou mais pessoas partindo da comunhão num ideal e na busca de crescimento mútuo"[1].

Os termos relacionamento e formação casam-se perfeita e indissoluvelmente. Se a formação é um processo de aprendizagem com acompanhamento, com o fim de conseguir a internalização de alguns valores que configuram um estilo de vida característico, definido nas constituições, parece que isso não é possível senão através de um relacionamento, ou de vários relacionamentos. De fato, quem ingressa numa congregação religiosa, se incorpora a um grupo já constituído, com valores próprios, com uma forma de vida estabelecida e com uma ação na Igreja[2]. E o assume com normalidade. Ou vai-se embora.

---

[1] Domeño, C. "La formación, un tejido de relaciones", em Álvarez, J. (dir.). *Formar hoy para la vida religiosa de mañana* (Semanas de Vida Religiosa 20). Madrid, PCI, 1991, p. 30.

[2] *Ibid.*, p. 313.

É evidente que ninguém se inventa tudo isso sozinho partindo de si mesmo, mas *em relação e comunicação com outros*, e através de um longo processo de formação, que é sempre um processo relacional.

O relacionamento formativo que se tem é pluriforme, mas as principais formas de que se reveste são:

— o *relacionamento com os outros companheiros* de caminhada (co-irmãos e membros da comunidade);
— e o *relacionamento com o formativo*, ou com os formadores (agentes formativos...). E este relacionamento formativo-formando subdivide-se ainda em dois tipos de relacionamentos:
  • o *relacionamento informal (*o que surge da experiência comum de vida; relacionamento importante, mas, por si mesmo, insuficiente, por permanecer ordinariamente num nível superficial);
  • e o *relacionamento formalizado* (aquele que expressamente estabelece o processo de crescimento da pessoa com o discernimento de atitudes, correção de desvios etc., no padrão do colóquio ou por outros meios, sejam institucionalizados ou não[3].

Esmiuçando em concreto a consideração do relacionamento formativo que acontece no noviciado, e tentando aproximar a lupa ao relacionamento mestre-noviço, descobriremos alguns traços peculiares que contribuem para melhorar a qualidade de tal relacionamento, com sua repercussão formativa, e enxergaremos outros possíveis desajustes relacionais que podem pôr em perigo a própria formação.

---
[3] Ibid., p. 319.

1. Um tipo de relacionamento não-conveniente

O mestre é, indiscutivelmente, um dos dois pólos do relacionamento educativo no noviciado. A palavra *mestre* que usamos é a tradicionalmente empregada para designar o formativo dos noviços. Mas apressamo-nos a precisar que seu termo correlativo não é o de *aluno*, nem o de *discípulo*. Convém que nem sequer se introduzam estes conceitos nem se empreguem em absoluto estes vocábulos. Por quê? O termo *mestre* tem, por si mesmo, ressonâncias escolares. Leva-nos à idéia de docência, assim como o termo *aluno* dá-nos o conceito de aprendizagem, sobretudo na ordem intelectual ou, dito com mais exatidão, na ordem intelectiva. Esta restrição intelectualista que traz junto a fórmula *aluno-mestre* desaconselha já o emprego da mesma, em benefício de outra que privilegie aspectos mais estritamente formativos.

Tampouco o termo *discípulo* é adequado francamente para definir o papel correspondente de noviço: *discípulo* é o que segue o outro, aquele que imita, aquele que casualmente abraça seu gênero de vida, acolhe sua doutrina, continua sua obra etc. *Discípulo*, no sentido estrito, o noviço o é somente de Cristo. Ele é quem o chamou e a ele a quem o noviço segue. Diz-se que o que conta para ser discípulo não são as aptidões intelectuais, e nem sequer as morais[4]. É o chamamento de base, que é totalmente iniciativa do Senhor; é a adesão pessoal que requer; é o compartilhar o seu destino.

Além disso, ser *discípulo* de Jesus não é uma situação passageira ou circunstancial, mas uma condição permanente de vida, uma maneira estável de ser, algo que constitui e defi-

---

[4] Cf. LÉON-DUFOUR, X. (dir.). *Vocabulario de Teología bíblica*. Barcelona (11), Herder, 1980, p. 250ss.

ne os *seguidores* em sua mais radical identidade e em sua mais essencial missão. É curioso constatar que esta palavra — *discípulo* — aparece não menos de 250 vezes nos escritos do Novo Testamento[5]. Este simples dado estatístico já é eloqüente. Indica-nos que não se pode empregar sem mais nem menos, mas que deve ser aplicado somente a quem é de fato tal em relação ao único Mestre, o Senhor. Jesus é o Mestre verdadeiro, e todos os demais — todos os cristãos, incluídos formadores e formandos — somos *discípulos* seus[6]. Conseqüentemente, é de rigor que também nós adotemos alguns vocábulos mais adequados ao contexto formativo no qual nos movemos. No noviciado, concretamente, o uso do termo *aluno* ficaria restritivo, e o de *discípulo* seria demais; resultaria "grande" ao noviço em relação a seu mestre[7]. Por conseguinte, parece mais acertado que na tradição da vida religiosa tenha-se evitado o emprego de tais termos.

A fórmula *mestre-noviço* é a mais adequada. O termo *noviço* é o empregado desde antigamente, tendo a vantagem

---

[5] Cf. ALONSO, S. Mª "Todos somos 'condiscípulos'", em *Vida Religiosa* (Boletim) 85 (1998), p. 3.

[6] Nunca se destacará suficientemente como também os formadores são — antes de mais nada — *discípulos* do Senhor Jesus e, somente a partir desta condição, podem converter-se depois — ou simultaneamente — em condiscípulos e *testemunhas* do que tenham visto ou ouvido, que é a essência do acompanhamento. "Acompanhar no caminho do Evangelho supõe que o acompanhante seja discípulo e por isso testemunha. Testemunha é quem previamente escutou, como Maria, a irmã de Marta, aos pés do Mestre ou Maria, a mãe de Jesus", RUIZ CEBERIO, T. "Formación como itinerario espiritual: las edades de la vida", em APARICIO, Á. (ed.), *Comentarios a la exhortación apostólica "Vita Consecrata"*. Madrid, PCI, 1997, p. 286.

[7] HERNANDO, B. Mª, em uma de suas felizes *ocorrências*, afirma: "Aluno qualquer pode ser. Discípulo, não. Qualquer um pode ser professor. Mestres há pouquíssimos", (*Alandar*, n. 147, abril de 1988, p. 20). Permito-me acrescentar, na linha do exposto "Mestre" ou "o Mestre" — no singular e com o artigo definido, — somente o pode ser Cristo.

de excluir conotações propriamente escolares ou de discipulado. Alude, sem mais, à condição de quem se inicia na vida religiosa, embora por extensão venha sendo aplicado também a todo principiante em qualquer arte ou faculdade.

Essa simples matização dos termos situa-nos no caminho justo e seguro para apresentar equilibradamente a função de mestre de noviços, ao qual já não consideramos como um mero transmissor de doutrinas em nome do instituto e da Igreja, nem elevamos à condição de uma espécie de personagem sábio e venerável — com pose quase de fundador — respeitado por alguns seguidores ou discípulos.

Correlativamente, o noviço que sabe estar em seu lugar — ou o qual mostramos o papel que lhe cabe — não se comporta, em relação com seu mestre, como quem busca somente uma instrução que satisfaça sua avidez intelectual; assim se reduziria ao mínimo a margem de atuação educativa do mestre. Mas tampouco converte-se num acrítico, obsequioso e incondicional discípulo. No primeiro caso, o noviço encaixa o mestre numa tarefa de docente. No segundo, o noviço mitifica e confunde o mestre com o paradigma vivente da vida religiosa, ou com a reencarnação do fundador.

Postos a relativizar funções, inclusive a de *fundador* — não somente a do formativo — é susceptível de relativizações. Não podemos pretender que o fundador reencarne Jesus Ciisto ou usurpe seu lugar.

O seguimento de Cristo realiza-se, certamente, segundo o carisma dos fundadores. Isso significa que, mais que ser discípulos ou seguidores de um homem ou de uma mulher, embora estejam canonizados, o que ocorre é que se coincide com seu espírito no seguimento de Jesus. Os fundadores são, antes companheiros de caminhada — *condiscípulos* — ou guias, mas não o *Mestre*, o Senhor Jesus, a quem unicamente se segue. A Igreja afirmou claramente que a norma última, a regra suprema e "o antes de tudo" da vida religiosa em todas as suas formas é o *seguimento evangélico de Cristo*[8], não o de outras pessoas.

Se, pois, até a figura dos fundadores admitem uma avaliação relativa — e isso sem que haja menosprezo —, quanto mais susceptível de relativização não será a figura do mestre de noviços! Não para rebaixar sua categoria, mas para situá-la em seu justo lugar que lhe corresponde. Seria pedir muito que o mestre de noviços seja considerado *mestre* (com minúscula!) em relação com o noviço, e que este seja considerado, por sua vez, noviço (não simples aluno..., mas tampouco discípulo) em relação ao mestre?

2. Fundamento do relacionamento noviço-mestre

Noviço e mestre são pessoas vitalmente intercomunicadas mediante o processo formativo. Constituem os dois termos de relacionamento educativo. Em ambos dá-se um fundamento complementário que é a origem da mútua comunicação, correspondência e interdependência. Em que consiste esse fundamento complementário? Em ser distintos. Isto é o que possibilita verdadeiramente a complementaridade. Mestre e noviço situam-se em diferente nível ontológico, o que permite uma interação benéfica a partir do ponto de vista formativo.

Efetivamente, o relacionamento pedagógico não tem lugar ali onde existe igualdade ou eqüivalência. Na desigualdade cabe a complementaridade. O que poderia contribuir para a formação dos noviços, um mestre de tal maneira equiparado a estes e que se confunde com eles? (falo de diferenças

---

[8] *PC* 2, a, e.

profundas, não daquelas formas externas, estilos de convivência de linguagem etc.).

Buscando uma precisão maior, temos de colocar o fundamento do relacionamento pedagógico nestes dois elementos constáveis: a *maturidade pessoal*, por parte do mestre, e a *imaturidade pessoal em vias de maturação*, por parte do noviço ou dos noviços.

A expressão *maturidade pessoal do mestre* está querendo sintetizar aqui não somente esse grau de maturidade humana requerida por certo em toda pessoa adulta, mas também aquele conjunto de qualidades que, harmoniosamente presentes na pessoa do mestre, ao lado de uma devida preparação profissional, capacitam-no para desempenhar com dignidade e eficiência sua missão de ajuda pedagógica no noviciado (já indico em outro lugar quais são os traços essenciais que configuram isso que agora chamo de maturidade pessoal do mestre).Por parte do noviço, ao contrário, o pressuposto que fundamenta o relacionamento pedagógico é sua *imaturidade pessoal*. Não é nenhum insulto dizer que o noviço é — deve ser, inclusive — imaturo. Sua imaturidade é que torna possível, precisamente, a intervenção pedagógica do mestre e de seus colaboradores. Pois bem, a imaturidade pessoal do noviço não representa aqui o conjunto de calamidades pessoais que cada qual arrasta consigo, nem muito menos aquele grau de falta de preparação que tornaria impossível ou mais difícil a eficácia da ação formativa nessa etapa. Representa, contudo, a situação normal de falta de desenvolvimento correspondente à idade evolutiva do noviço — suposta, não obstante, a preparação prévia pertinente a esta etapa formativa — e a sua condição de principiante na vida religiosa do instituto.

Noviço e mestre, portanto, entram em relacionamento pedagógico desde o momento em que, sendo distintos, há interação e complementam-se. Na manutenção escrupulosa desta distinção estriba-se a eficácia do relacionamento pedagógico. Cada qual deve aceitar, compreender e respeitar a *alteridade do outro*; aceitar o outro enquanto outro, como distinto, sem procurar eliminar as diferenças respectivas, que são as que possibilitam o mútuo enriquecimento e a fecundidade característicos do encontro educativo. Nem o mestre deve absorver o noviço de maneira que este fique como que eclipsado em suas características peculiares de noviço, nem o noviço deve absorver o mestre por uma espécie de rolo compressor que o nivela psicológica, pedagógica ou socialmente[9].

A manutenção desta fundamental e complentária distinção entre noviço e mestre não despoja, de modo algum, o relacionamento educativo de seu calor humano, porque o singular respeito que se reivindica para cada uma das partes permite, simultaneamente, um tratamento igualitário em outros muitos aspectos. Pretender eliminar, pelo contrário, a assimetria no relacionamento noviço-mestre não conduz senão à impossibilidade de estabelecer um relacionamento que resulte positivamente pedagógico.

---

[9] Cf. GIL, M. P., *La relación maestro-alumno. Hacia una educación renovadora*. Madrid, BAC, 1977, p. 153. Para uma maior abundância, recordo que, tratando-se de um relacionamento educativo se trata, também, de um relacionamento de ajuda. Pois bem, todo relacionamento de ajuda é *assimétrico* ou de *dependência*. Busca-se ajuda quando alguém se encontra diante de uma limitação para realizar algo ou para fazê-lo de forma mais eficiente. Isso é o que ocorre no relacionamento educativo. Contudo, que se trate de um relacionamento de ajuda ou de dependência não denota necessariamente uma condição negativa. Se a educação é uma "obra de melhoramento gradual e progressiva" (PESTALOZZI), é lógico que, para a melhor consecução deste objetivo, recorre-se a quem pode ajudar em tal empresa e a quem se reconheça a diferença, a assimetria que lhe corresponde. Cf. JOVER, G. *Relación educativa y relaciones humanas*. Barcelona, Herder, 1991, p. 146-149.

3. Fisionomia peculiar deste relacionamento

Mantida essa conveniente assimetria no relacionamento, analisamos em seguida a fisionomia peculiar do mesmo. Dito de outra forma: questionamo-nos quais sejam as características do *relacionamento noviço-mestre*.

3.1. Relacionamento intencionalmente educativo

Uma das características é aquela que trata de um relacionamento recíproco intencionalmente educativo. Noviço e mestre inter-relacionam-se um com referência ao outro e de maneira intencional, isto é, de propósito. A *reciprocidade* acentua aquelas influências mútuas que se exercem no relacionamento educativo, enquanto que a *intencionalidade* imprime nas mesmas a marca da vontade humana que procura expressamente a consecução de alguns objetivos e de uma finalidade de caráter formativo.

No *campo do exercício* pedagógico desenrolam-se normalmente alguns processos de interação que podem levar ou não, tanto por parte dos educadores como por parte dos educandos, a marca da expressa intencionalidade educativa[10]. Em ambos os casos, entretanto, produz-se indiscutivelmente, em maior ou menor grau, uma repercussão nas pessoas implicadas no processo educativo. Para nós, interessa-nos

---

[10] Existe no mundo educativo, a este respeito, uma variedade de possibilidades inter-relacionais digna de consignar-se: fala-se, com efeito, de "ensinamento intencionado e aprendizagem intencionada, "ensinamento intencionado e aprendizagem não-intencionado", "ensinamento não-intencionada e aprendizagem intencionada" (zona correspondente aos *modelos de identificação*, de inegável transcendência), "ensinamento não-intencionado e aprendizagem não-intencionada" etc. Cf. MORALES, P. *La relación profesor-alumno en el aula*. Madrid, 1998, p. 9-19.

destacar agora a presença explícita de tal intencionalidade nos relacionamentos do mestre com os noviços e destes com o mestre.

O relacionamento educativo entre o noviço e o mestre não é fortuito, mas explicitamente pretendido: pretende-o o *Direito* universal da Igreja; regulamentam-no as constituições e diretórios particulares dos institutos; assim o entende a pessoa que assume o cargo de mestre de noviços e os superiores que a nomeiam; e o deseja o candidato que ingressa no noviciado. O noviço está consciente de seu *status de educando*, de principiante, sabe que vai pôr-se imediatamente em relação com uma pessoa que atuará *com* ele — mas também *sobre* ele — com a finalidade de ajudá-lo na iniciação da vida religiosa. E na medida em que aceita as regras do jogo e procura entrar no relacionamento educativo com essa pessoa que coloca a sua disposição o instituto, conseguirá dar passos firmes rumo ao fim último para o qual decidiu solicitar sua entrada na vida religiosa.

A intencionalidade educativa que deve animar o relacionamento noviço-mestre deve possuir, além disso, a intensidade adequada. Quero dizer, deve possuir certa vitalidade. Por parte do mestre, a *vitalidade educativa* reflete-se em palavras, gestos e ações que vão desde a busca da simples *captatio benevolentiae,* que desperta a acolhida ou a aceitação, até a oferta de motivações profundas que dão matéria para um inter-relacionamento fecundo, enriquecedor, sugestivo; para que seja, numa palavra, formativo.

E, por parte do noviço, a vitalidade mostra-se em atitudes positivas para com o mestre, que não se identificam precisamente com sentimentos de simpatia mas com disposições de abertura, interesse, acolhida, prontidão na correspondência etc. Algo mais, em resumo, que manter alguns bons relacionamentos de vizinhança, superada toda atitude receosa e precavida, e indo mais longe de uma docilidade acrítica, que se limita à simples execução material do que é mandado.

3.2. Relacionamento interpessoal e adulto

Outra característica do relacionamento noviço-mestre consiste em ser interpessoal e realizar-se entre pessoas adultas. Os relacionamentos que se estabelecem entre o mestre e os noviços devem alcançar o nível de *relacionamentos interpessoais*. Estes não são tais se algum dos pólos ou termos do relacionamento for coisificado, isto é, reduzido à categoria de objeto. Tanto se o mestre instrumentaliza o noviço para qualquer finalidade, inclusive sob pretexto estritamente educativo, como se o noviço converte o mestre em objeto do qual se serve para conseguir determinados fins; em ambos os casos hipoteca-se arriscadamente o caráter interpessoal do relacionamento. Um e ouro estão fazendo um perigoso jogo do qual sai arranhado o relacionamento educativo e, por conseguinte, também sofre detrimento o resultado da formação.

A coisificação significa desumanização. Os relacionamentos noviço-mestre devem conseguir ao menos um nível humano de correção e de respeito, e não somente para que se evite o tratamento rude, mas também porque se afasta qualquer propósito secreto de converter o outro em objeto.

Mas não seria suficiente evitar alguns relacionamentos tipo sujeito-objeto. Num noviciado não bastaria conformar-se em guardar a correção relacional da convivência, ou manter algumas atitudes relacionais positivas. Requer-se também alcançar um nível de relacionamento *interpessoal*, o qual supõe passar da simples correção de formas externas para uma participação mais íntima e pessoal dos sujeitos inter-relacionados.

O relacionamento interpessoal por si mesmo leva para a intercomunicação, para a cooperação, para a amizade. Em ambas as direções do noviço para com o mestre, e vice-versa. A intercomunicação não é somente de saberes. É de experiência, é de vida. A situação do mestre com respeito a do noviço é diversa. Por isso defendemos a assimetria relacional, mas isto não converte o mestre num ser hermético, incapaz de abrir seu interior e de comunicar ao noviço parte de seu próprio universo. O noviço, partindo de sua situação de indigência formativa, sem dúvida abre sua interioridade ao mestre, embora sempre com liberdade e ao compasso de suas próprias necessidades. A tarefa comum da formação na qual ambos estão comprometidos exige esta fluidez comunicativa e estar animados por um espírito de cooperação.

O relacionamento interpessoal noviço-mestre pode adquirir intensidade distinta conforme as diversas pessoas, mas também se poderá observar esse fenômeno numa mesma pessoa em distintos momentos. É claro que a diversidade de temperamentos condiciona a intensidade do relacionamento interpessoal ou a modalidade do mesmo. E é claro também, que não se requer idêntico grau de intensidade quando se fala num ambiente recolhido e confidencial do colóquio do que quando se trocam palavras diante do resto da comunidade, por exemplo, no refeitório, ou sala de recreação etc.

O relacionamento interpessoal noviço-mestre pode desembocar, às vezes, em amizade. Não é nada estranho, apesar da diferença de idade. Pode ser algo estupendo, sem ser de absoluta necessidade. É difícil definir a *amizade*, pôr-se de acordo com suas notas essenciais. Há muitos relacionamentos que se dizem amistosos e não o são. E, ao contrário, pode dar-se verdadeira amizade entre aqueles que não mencionam sequer a palavra. Entre o noviço e o mestre bem que poderia florescer a flor da amizade, mas não importa tanto que isto se proclame.

Mais interessa, contudo, que o relacionamento interpessoal entre o noviço e o mestre — levando ou não à brotação de uma nova amizade —, seja um relacionamento em verdade *adulta*. É inegável a diferença entre gerações, e na maioria dos casos, provavelmente de mentalidade e, sem dúvida, de situação entre os noviços e o mestre. E, não obstante, o relacionamento interpessoal entre eles convém que seja verdadeiramente adulto.

Recorro a uma anedota: em outros tempos era costume — e era obrigado para ser correto — um tratamento de "Tu" a "Tu", ou de "Tu" a "Vossa Reverência", "Vossa Paternidade", expressões neste estilo entre superiores e súbditos. Com freqüência o súbdito era uma rapaz, ainda postulante, a quem os superiores e os professores obsequiavam com um tratamento de "Tu"; e isto acontecia também em algumas escolas elementares. Aquilo não era o reflexo de alguns relacionamentos adultos mas unicamente expressão de estilos mais autoritários que pretendiam manter as distâncias entre os superiores e os súbditos, entre os formadores e os formandos.

Hoje em dia é comum o "você" ou "senhor" em quase todos os relacionamentos, começando pelos relacionamentos familiares. Na vida religiosa também observa-se este fenômeno. Que o noviço trate o mestre por você, e que o mestre trate o noviço por você também, está parecendo coisa nor mal. Pois bem, este fato sociológico não garante de maneira alguma automaticamente que aconteçam alguns relacionamentos interpessoais adultos, maduros, embora talvez seja facilitado um tratamento mais simples e familiar.

Um relacionamento interpessoal entre o noviço e o mestre deverá favorecer o verdadeiro crescimento humano e espiritual de ambos, mormente o do noviço. Deverá, portanto, deixar de lado, toda forma de autoridade e de dependência excessiva que possam ser terreno propício onde se geram os paternalismos e maternalismos com o conseqüente aparecimento de formas de infantilismo nos formandos.

O noviço não é uma criança ou um adolescente, embora requeira o apoio e o acompanhamento de um irmão mais velho que já percorreu o caminho pelo qual agora ele inicia. Nem o mestre é um pai em quem o noviço delega sua própria capacidade de decisão. A manutenção, por parte de ambos, da condição de adultos que se reconhecem como tais mutuamente, não obstante a diferença de idade e de *status*, favorece um tipo de relacionamento mais livre e assenta as bases para uma cooperação interpessoal na qual nenhum dos dois abdica de suas respectivas responsabilidades.

4. Complexidade e riqueza da interação noviço-mestre

Quando se fala de *relacionamento interpessoal* pode dar-se a impressão de que se faz referência exclusivamente àquela intercomunicação entre o educando e o educador que se circunscreve ao limite estritamente formativo. Se fala-se do *relacionamento interpessoal noviço-mestre*, então se pensa quase somente no momento da direção espiritual. Já indicamos antes que os relacionamentos podem ser efetivamente formalizados; mas existem outros relacionamentos informais que constituem parte do relacionamento interpessoal. Na realidade, o relacionamento interpessoal realiza-se em muitos outros campos que não são os institucionalizados ou expressamente formalizados; e não somente pela comunicação verbal mas também através de outros comportamentos não-verbais que podem ser, não obstante, eloqüentes. Esta é a razão pela qual convém lançar mão de uma fórmula que abranja de maneira global todas as formas possíveis de relacionamentos entre os noviços e o mestre. Esta fórmula parece que pode ser a da *interação*.

A *interação*[11] é um conceito dinâmico. Supõe uma orientação de comportamento entre duas pessoas, voltadas uma para outra, ou entre mais pessoas, por exemplo, numa conversação. Mas também abrange outros comportamentos nãoverbais. É um processo de influência recíproca e de mútua independência. E que consiste no fato de que as pessoas situam-se num terreno comum, que compartilham mutuamente, a partir de onde se interpelam e se regulam reciprocamente. Em toda forma de interação os participantes comunicam, transmitem símbolos com significado compartilhado, de tal maneira que o comportamento de cada um é parte da resposta ao comportamento do outro ou dos outros.

No noviciado funciona, sem dúvida, algum tipo de interação. A interação noviço-mestre (e noviços-mestre) alcança seu auge, provavelmente, na comunicação interpessoal que se realiza no espaço da entrevista, no qual parece que se condensam as principais energias do acompanhamento pessoal. Nesse momento da entrevista, efetivamente, o acompanhamento adquire sua materialização mais palpável. Dá a impressão que quanto ali se diz e se escuta tem concreção e tem ressonância especial para a pessoa. Quanto for dito pelo mestre já terá sido dito anteriormente, exposto "em comum aos noviços"; mas aqui e agora soa como se fosse novo. É *dito para este noviço*. E tudo quanto escuta o mestre deverá soar também como novo, porque é novo o tom, são novos os matizes, é a única maneira de experimentar e expressar que tem *este noviço* que lhe abre seu interesse, que guarda silêncios, que adota tal postura ou tal gesto facial.

---

[11] Cf. HARGREAVES, D. *Las relaciones interpersonales en la educación.* Madrid (3), Narcea, 1982, p. 92ss; cf. POSTIC, M. *La relación educativa.* Madrid, Narcea, 1982, p. 84-85.

O noviciado há de chegar a valorizar esta forma de relacionamento interpessoal, que é a entrevista, pondo de sua parte o esforço pessoal de colaboração necessária para conseguir a personalização dos conteúdos próprios do noviciado e para enfrentar, na companhia da pessoa a quem o instituto confia esta missão, seus problemas pessoais, fazendo-o participante de suas inquietações, projetos, temores, situação espiritual etc. Não é muito raro que o noviço seja inclinado a comunicar suas vivências e estados de ânimo a outros companheiros. Isto pode lhe servir de alívio em seus momentos de crises, mas em caso algum pode suprir a entrevista pessoal com o formativo. O noviço deverá saber aceitar este serviço de acompanhamento do mestre, reconhecendo-o com espírito de fé como mediação eclesial no desempenho da função de acompanhante que a Igreja e o próprio instituto lhe confiou.

Pois bem, a entrevista não esgota toda interação noviço-mestre. A vida no noviciado é suficientemente prolixa em encontros nos quais se produz também a *interação* educativa. O noviço — um dos dois pólos da interação — está permanentemente aí, em seu próprio campo de ação e de paixão, protagonista principal da formação para a vida religiosa, ser imaturo em via de maturação, recebendo o influxo múltiplo dos diversos agentes educativos e também de seus próprios companheiros. O mestre — o outro pólo destacado da interação —, a pessoa supostamente capacitada para exercer humana, religiosa e pedagogicamente sua tarefa está também presente aí, de maneira habitual, no noviciado. E pode-se afirmar que sua presença é sempre educativa, isto é, comporta algumas iniludíveis repercussões pedagógicas de um ou outro sinal.

A interação noviço-mestre torna-se educativa em todos estes encontros, diversificados e repetidos ao longo do dia, desde o momento em que existiu a aceitação mútua na qualidade de *noviço* — um — e de *mestre* — o outro — e houve a intencionalidade educativa, que depois se prolonga de maneira inconsciente nos sucessivos encontros. Não importa agora precisar o grau de repercussão formativa que cada interação acarreta. Basta reconhecer que existe.

Se afirmamos que o mestre deve ser muito consciente deste fato, não é para que ele adote posturas rígidas em cada intervenção, preocupado por seu influxo educativo, mas para que recorde que os detalhes por menores que sejam de sua vida não são eles soltos de uma corrente; todos eles formam unidade no relacionamento pedagógico. Mas, por outra parte, os noviços deverão estar atentos a não se desligarem daquele outro tipo de relacionamento. Eles são em todos os momentos noviços por referência a seu mestre. Isto dizer que deverão procurar considerar a pessoa do mestre em sua qualidade como tal, inclusive, quando não está exercendo ação direta e explicitamente formativa.

Acontece às vezes que o mestre, de modo louvável, procura não interferir demasiadamente nas atividades dos noviços, para ser um dos muitos no decurso de uma conversação informal para evitar pronunciar-se dizendo a última palavra, de modo de quem sempre tem a última palavra, sempre está por cima, deixa fazer, permite discrepar, tolera certas falhas disciplinares... E pode ser que algum noviço interprete estas atitudes do mestre como simples inibição ou falta de autoridade. O noviço terá a interpretação de que em tais episódios o mestre deixa de ser mestre. Nada mais longe da realidade! Há uma implícita intencionalidade pedagógica que não se confunde com o abandono nem pode ser tachada de atitude irresponsável.

Os episódios da vida corrente nos quais o mestre e noviços intervêm, falam ou calam, comunicam-se, riem e sofrem juntos, compartilham a oração, a refeição, o trabalho..., são a plataforma habitual dos relacionamentos educativos. A interação noviço-mestre produz-se constantemente, sem se despojar em instante algum de seu caráter pedagógico.

5. Atenção aos possíveis desajustes na interação noviço-mestre

Se algo se revela no que foi dito até agora é a complexidade e a riqueza de matizes que encerra a interação noviço-mestre. Nada para se estranhar por isso mesmo, que comporte algumas dificuldades em seu desenvolvimento cotidiano.

Entro em seguida na consideração dessas dificuldades, mas sem a vontade de descer até a rara casuística. Não interessa a consideração de casos particulares que significam a exceção, por mais pitorescos que sejam. Interessa, ao contrário, captar as dificuldades normais que um relacionamento formando-formativo traz consigo, assim como as possíveis falhas que convém evitar.

Advirto, além disso, que a perspectiva a partir da qual se contemplam estas dificuldades é principalmente a do noviço, embora questionando sempre a maneira de se relacionar do mestre, ou sua atitude diante da forma de se relacionar com ele que o formando mantém.

a) Um desajuste que questionaria a eficácia pedagógica da formação e que tornaria sem consistência a comunicação do noviço com seu mestre seria o caso no qual o noviço adotasse uma *atitude predominantemente discente*, como se fosse um aluno; os relacionamentos com o formativo manteriam-se no limite do que seria — *mutatis mutandis* — academicamente exigível. Considero improvável este caso. Mas, se acontecesse, o mestre deveria estar atento a não facilitar a fixação do noviço nessa tendência, que poderia degenerar na instrumentalização do relacionamento formativo numa redução drástica de suas possibilidades.

b) Nefasto seria, em segundo lugar, *um desajuste de tipo discipular.* Já indiquei antes o perigo que supõe o cultivo de algumas atitudes relacionais nas quais prima a excessiva adesão para a pessoa do mestre, que não é senão o guia que orienta os passos do noviço para o definitivo e único Mestre, Jesus Cristo.

Quando, sejam por razões que forem, se produz o *fenômeno anteparo* ou *máscara* entre Jesus Cristo e o formando, de sorte que alguém interfere e anula o contato direto e pessoal, a desorientação é imensa. Aí temos um jovem que entrou para a vida religiosa para seguir a Jesus Cristo e está seguindo a uma outra pessoa. Cabe imaginar aqui todas as formas suspeitas de dependência do formativo: adesão, identificação, admiração, imitação, afeto... (em grau exagerado, suponhamos).

Torna-se extremamente sutil, mas determinante, a linha que diferencia estas atitudes disciplinares daquelas outras que — tendo, não obstante, por centro o único objetivo o Senhor, — respondem ao nome de obediência ativa e responsável aos superiores, espírito de colaboração com o mestre, abertura, confiança sem prevenção, amizade e apreço verdadeiros. Estas atitudes são positivas, mantêm o noviço e o mestre no lugar que lhes corresponde; tornam possível e interessante a aventura formativa de se iniciar e de ser acompanhado no seguimento de Cristo pelo caminho da consagração religiosa.

As *atitudes erroneamente disciplinares*, ao contrário, isto é, as que não estão orientadas ao verdadeiro Mestre, que é o Senhor Jesus, viciam a raiz do relacionamento educativo e contêm mau prognóstico. Oxalá que a decepção e o desencanto provocados, talvez, pelas inevitáveis falhas humanas do mestre, logo causem seus efeitos. Porque ainda haveria tempo para retificar, para voltar e situar as pessoas e para reiniciar alguns relacionamentos do noviço e da consecução do conjunto dos objetivos que a formação procura.

c) Entre os noviços e o mestre podem surgir também não poucas dificuldades quando se cultiva um tipo de *relacionamento pretendidamente simétrico*. Estamos imersos numa sociedade na qual a consciência da básica igualdade de todas as pessoas se desenvolveu com tal força que não toleramos facilmente o reconhecimento de outras desigualdades que não são tão fundamentais e que, contudo, estão aí.

Descendo para o terreno concreto da formação para a vida religiosa, existem desigualdades as quais é preciso reconhecer com naturalidade sem abrigar temores de que saia por isso menoscabada a básica igualdade de todos os que intervêm no processo formativo. Para começar, temos de reconhecer, por exemplo, e contar com a imaturidade do formando e com a maturidade, — isso sim, relativa — do formativo, pontos de partida obrigatórios para toda ação formativa. Isto condiciona de maneira automática o tipo de relacionamento pedagógico.

Neste relacionamento educativo se dá — deve-se dar — a *assimetria* entre os dois pólos relacionais. Mestre e noviços devem respeitar esta assimetria. É certo que há determinados aspectos de ambos que hão de ser forçosamente assimétricos. Convém ter claro quais são estes aspectos para que o relacionamento não se ressinta ao entrar neles. Há terrenos comuns nos quais os noviços e o mestre podem manter relacionamentos de camaradagem, sem dúvida. Mas existem outras zonas delimitadas nas quais inexoravelmente cada qual é quem é, e convém respeitar estas diferenças sem violência, sob pretexto de um igualitarismo que a nada conduz.

d) Muito unida a anterior dificuldade acompanha aquela que surge de uma apresentação relacional na qual a *intencionalidade educativa* está *ausente.* Seria muito difícil encontrar num grupo de noviços uma situação claramente decantada de repulsa à formação, isto é, de ausência de vontade de se formar: não querer crescer humana e religiosamente. Os noviços, geralmente, são muito receptivos no começo do noviciado. Apresentam ótimas disposições de docilidade e de abertura que favorecem a tarefa do mestre e de sua equipe formativa. Mas, com o passar do tempo, pode muito bem ocorrer que algum noviço perca aquelas atitudes ou disposições iniciais de abertura e maleabilidade próprias do principiante, adquirindo o grau de astuto que se impermeabiliza automaticamente diante de qualquer influência educativa. A repulsa para a educação, talvez, não seja consciente nesses casos. É produzida de maneira inconsciente e involuntária, e pode ser fruto de determinados pré-julgamentos ou prevenções contra o mestre. Pode ser uma reação incontrolada por causa de seus modos de agir, de suas intervenções, de sua mentalidade e, em geral, por causa de seu estilo educativo.

O noviço pode converter-se, nesses casos, em vítima de suas próprias prevenções porque se subtrai à ação benéfica da formação, preso na teia de seus pré-julgamentos, suspendendo assim, de fato, sua vontade de co-participação num relacionamento propriamente pedagógico.

Mas não é somente essa a única maneira como a intencionalidade educativa pode ficar em suspenso. Pode estar, do mesmo modo, suspensa naqueles relacionamentos muito familiares ou amistosos que, contudo, não passam disto: o noviço considera o formativo como um "amigo", e ponto final. É esta uma forma difusa de ausência de intencionalidade educativa, mascarada e perniciosa. É claro que não basta o bom entendimento mútuo ou a mútua simpatia para estabelecer um bom relacionamento que conduza à consecução das metas da formação.

e) Desajuste importante, do ponto de vista formativo, é aquele que existe quando o noviço e o mestre mantêm por longo tempo alguns *relacionamentos humanamente corretos mas superficiais*, sem chegar nunca a um inter-relacionamento mais profundo. Quero dizer, *não se dá um verdadeiro relacionamento interpessoal*. É preciso reconhecer que ter conseguido já um tratamento humano, cordial, correto, respeitoso etc., não é pouca coisa. Isto é, inclusive, condição imprescindível para chegar posteriormente a uma interação muito mais positiva e a uma comunicação transparente.

Deve-se ter em conta, não obstante, que o relacionamento autenticamente interpessoal não se inventa nem se forja com facilidade e em pouco tempo mas que requer o passo a passo de cada dia e se alimenta permanentemente com o calor dos encontros periódicos. Estes encontros — convenientemente espaçados — e os encontros do dia-a-dia vão fortalecendo o relacionamento interpessoal, já que a vida inteira é um "tecido de encontros de diversa ordem"[12] que contribuem para que os relacionamentos interpessoais se aprofundem e criem laços cada vez mais estreitos entre as pessoas.

O noviço não é capaz de improvisar no começo um relacionamento interpessoal profundo. O mestre tampouco deve forçar o ritmo do relacionamento nos primeiros encontros. Deve dar tempo ao tempo. Mas deve evitar o espaçamento excessivo de alguns relacionamentos que sejam somente cordiais, em benefício de um relacionamento cada vez mais intenso, profundo, comprometido, no qual se possa aprofundar-

---

[12] LÓPEZ QUINTÁS, A. *La formación para el amor*. Madrid, San Pablo, 1995, p. 15.

se. Tampouco é benfazejo a morosidade num tipo de relacionamento impregnado de familiaridade, mas, eventualmente, ancorado em temas banais.

Quando se eternizam os relacionamentos superficiais, embora sejam dentro da correção e a ocorrência positiva, cai-se no *espontaneísmo*. Transpassa-se para o limite da entrevista e do acompanhamento um relacionamento espontâneo que funciona estupendamente em outros âmbitos da vida cotidiana. Noviços e mestre têm de atravessar corajosamente o umbral da comunicação espontânea para adentrar num relacionamento interpessoal caracterizado pela presença de um grau superior de comunicação, de entendimento, de sintonia profunda.

Se não produzir essa passagem, no interior do noviço vão ficar sem iluminação determinadas zonas, sem escuta áreas delicadas, sem avaliação possível as concretas motivações vocacionais, sem confronto sereno e sem tratamento eficaz os problemas, sem o contraste da verificação personalizada a formação que está em processo.

f) Difíceis, finalmente, nos relacionamentos interpessoais dos noviços com o mestre, são as *atitudes de certa imaturidade* que afetam diretamente o próprio relacionamento mas que, numa palavra, revertem com sinal negativo sobre a formação. Pense-se, por exemplo, nos casos de noviços muito jovens, como normalmente são os que ingressam logo após os estudos humanísticos ou de bacharelato e que apresentam, como é lógico, as mesmas características que têm os outros jovens contemporâneos na hora de entrar numa universidade. É verdade que devem ter, pelo menos, uns dezessete anos para iniciar o noviciado, conforme o *Direito*[13]; mas esta idade não dá

---

[13] Cf. *CDC*, c. 643, 1, 1º.

garantia de uma maturidade positiva nos candidatos. Por isso, ainda admitindo como critério de normalidade a presença de certos sintomas de imaturidade evidenciados na interação pedagógica, deve-se estar atentos a não favorecer relacionamentos que prolonguem essa deficiência.

Denunciam tal imaturidade os comportamentos infantilizados: a excessiva dependência, um espírito pacato e demasiado submisso que nada questiona, uma falta de iniciativa e de criatividade, um cruzar de braços esperando que o mestre determine e oriente tudo. Um relacionamento *pouco adulto* favorece a passividade. Dá a impressão de que o noviço está esperando que seja sempre o mestre quem toma a iniciativa. Ele é sempre o sujeito paciente da formação. Não procura propriamente entrar em relacionamento senão que se deixa levar e, talvez considere que o mestre tem interesse pessoal e que tira partido na manutenção deste relacionamento. Por isso que as entrevistas não nascem da própria iniciativa mas que são forçadas pela situação, ou por manifestação de outros, acontecem por pressão ambiental ou pela inércia do costume.

Essas atitudes pouco maduras podem exercer no mestre uma força tentadora, qual seja a de se mover pela compaixão, prolongando com o noviço afetado por tal imaturidade um tipo de relacionamento não conveniente. Deve-se ter presente que todos os noviços, inclusive os mais jovens, têm já uma idade que se pode considerar adulta, e na própria sociedade são equiparados para todos os efeitos, com as pessoas adultas. Por conseguinte, os relacionamentos interpessoais no noviciado deverão ter a tendência de se realizar num nível de pessoas adultas, que têm maioridade. É bom dizer que alguns relacionamentos adultos não são sinônimo de alguns relacionamentos estereotipados, formais ou frios.

ÍNDICE

APRESENTAÇÃO 3
1. Os destinatários 3
2. A distribuição dos capítulos 4
3. Finalidade 5

I. MESTRE E COMUNIDADE FORMATIVA 7
1. O conceito de comunidade formativa 8
2. A equipe formativa: sua estruturação
   e características 18
3. A relação com outras instâncias formativas 22
4. O relacionamento do mestre com seus superiores.
   A co-responsabilidade formativa dos órgãos
   de governo 24
5. Conclusão 28

II. A FIGURA DO MESTRE DE NOVIÇOS 29
1. Quem encontrará um bom mestre de noviços? 29
2. Esboço da figura ideal do mestre 31
   *2.1. Pessoa que tenha alcançado maturidade
      humana* 34
   2.2. Pessoa verdadeiramente espiritual 38
   *2.3. Pessoa com autêntica vocação para
      a missão educadora* 41
   2.4. Identificação com o espírito do instituto 45
   2.5. Preparação adequada 48
3. Conclusão 50

III. ESTILO EDUCATIVO DO MESTRE 53
1. A questão do estilo tem sua importância 53
2. A inter-relação mestre-noviços e o estilo
   educativo 54
   2.1. Um estilo educativo animado pelo amor 59
   2.2. Disposição paciente, otimista e alentadora ... 62
   *2.3. "Não deixem que os outros os chamem
   de mestres..." (Mt 23,8)* 64
   2.4. A presença educativa 69
   *2.5. Uma disposição que transpira
   "ar de família"* 72
3. Decálogo do estilo educativo 72

IV. O RELACIONAMENTO FORMATIVO
NO NOVICIADO 77
1. Um tipo de relacionamento não-conveniente 79
2. Fundamento do relacionamento noviço-mestre 82
3. Fisionomia peculiar deste relacionamento 85
   3.1. Relacionamento intencionalmente educativo .. 85
   3.2. Relacionamento interpessoal e adulto 87
4. Complexidade e riqueza da interação
   noviço-mestre 90
5. Atenção aos possíveis desajustes na interação
   noviço-mestre 94